トヨタの伝説のディーラーが教える
絶対に目標達成する
リーダーの仕事

須賀正則

ダイヤモンド社

はじめに

現場の叩き上げの人間が実践で身につけた泥臭いリーダー論

「名選手、名監督にあらず」

プロ野球界でよく使われている言葉です。

監督になる人の多くは、現役時代、結果を出してきた人たちです。その人に、チームを託せば、優勝に導いてくれるかもしれないという期待があるから指名されるのです。しかし、どんなに優れた選手でも、監督として結果を出せるかはまた別の問題なのです。

ビジネスの現場も同じです。結果を出して、会社に貢献したことを評価され、管理職に昇進します。今までは、個人の成績でよかったかもしれませんが、任された組織、チームで結果を出すのは容易ではありません。

なぜ、リーダーになったとたん、今までと同様に結果が出せなくなるのでしょうか。ひとえに、「できて当たり前」が標準であるリーダーに対し、「できないのが当たり前」のメンバーがいるからです。

この本を手に取っている皆さんはおそらく、「リーダーとしてどのようにスタッフを指導していけばいいのか」「チームの目標を達成させるためには、リーダーはどのように動けばいいのか」と悩んでいるでしょう。

私は長年、自動車販売の現場でリーダーを務め、またリーダーを育成、指導する役割も担ってきました。そのなかで、成功するリーダーと失敗するリーダーの違いや、失敗する人の典型的なパターン、成功するためのポイントがわかるようになりました。

そんな経験やノウハウを多くのリーダーに伝え、悩みや問題を解消するお手伝いをしたいと思い、筆を執りました。

私はトヨタ自動車直営の販売会社に営業として入社しました。同期は頭のいい人ばかりで、仕事では負けたくないと思い、とにかくがむしゃらに働きました。

その結果、新人賞の第一位を獲得。その後も、年間優秀セールスマン賞、累計販売台数1000台など、多くの実績を残しました。ところが、リーダーになってからは、なかなか実績をあげられずに苦労することになります。

初めてリーダー的な立場になったのは、30代半ば、課のリーダーに昇格したときのことです。

私のチームのスタッフはひとクセもふたクセもある者ばかりで、個人成績も悪い。そんな彼らを率いてチームで成果をあげなければならないのに、なかなか思うようにいかない。目標数値の半分にも到達しない月が続くこともありました。

彼らを叱咤激励したり、自分のノウハウを教えたり、いろいろと試してみてもうまくいかず、私はリーダーとして大きな挫折を味わったのです。

しかし私は諦めることなく、トップセールスとしてのプライドを捨てて、スタッフ一人ひとりの教育に徹底的に力を注ぎました。

そのような行動の結果、ビリの成績だった私のチームは、3年後には店舗でトップをとるまでに成長することができました。

その後私は、新規オープン店の店長に就任しました。周辺に競合が多く、難しいといわれていたその店舗で、オープン初月からトヨタ史上最高となる48か月連続で新車販売目標達成の記録をつくることになります。

私のチームがつくった記録は社内で衝撃をもって受け止められただけでなく、社外の人の耳にも入りました。

雑誌「プレジデント」のトヨタ特集のなかで6ページにもわたって紹介されましたし、トヨタ自動車出身で数々の著書がある若松義人さんの『トヨタのリーダー 現場を動かしたその言葉』（ＰＨＰ研究所）内でも取り上げられました。

また、不動産会社や学習塾の会社などから講演に呼ばれたりもしました。

偉大な人物の提唱する高度なリーダー論ではなく、現場の叩き上げの人間が実践で身につけてきた泥臭いリーダー論が、たくさんの人の興味関心を誘ったのかもしれません。

どんなメンバーでも必ず結果を出せるチームづくり

長年の現場経験でわかったことは、チームで成果を出すには、メンバー一人ひとりが自発的に行動することが大事だということです。そのためには、目標を明確にすることが重要であり、絶対に達成するという心持ちでいなければいけません。

そこで私は、チームとしての目標を達成するために、4つの「感」と4つの「力」を用いるようになりました。詳しくは序章で説明しますが、人間である以上、これらの要素だけを持っていれば、どんなメンバーでも必ず結果を出せるチームになります。

本書では、「目標達成するためのリーダーの仕事術」について余すところなく紹介しています。

序章では、なぜ連続目標達成ができたのか、そのポイントを振り返っています。

第1章では、そもそもリーダーの役割とは何なのか、「考え方」を示します。

第2章では、どうすれば「目標達成」ができるのか、目標に対する思いや、達成のためのノウハウについて説明します。

第3章では、目標達成には欠かせない、チーム全員が持つべき「リーダーシップ」について論じています。

第4章では、チームとして成果をあげるために欠かせない「人材育成」について、具体的な事例とともに解説しています。

第5章では、チームの「コミュニケーション」をよくするためのノウハウをいくつか紹介しています。

　本書で紹介していることはいずれも、私が現場で試行錯誤しながら身につけてきた、リアルで具体的なノウハウです。

　経営やリーダーシップに関する専門的な理論ではなく、あくまでも私の経験のなかで身につけた泥臭い手法ではありますが、それだけに、現場で悩んでいるリーダーにとっては、より身近で実践的な手法として活用していただけるはずです。また営業職に限らず、どんな職種のチーム運営においても役立てられる普遍的な内容となっています。

　ここに書かれていることを実践すれば、あなたのチームは絶対に、しかも連続で目標達成を成し遂げられるようになるはずです。

　目標を達成し続けることは困難なことではありますが、大きな喜びでもあります。その背景にはスタッフの成長はもちろん、リーダーである自分自身の成長があるからです。

　皆さんがリーダーを務めるチームが目標を達成するために、ぜひ本書を役立てていただければと思います。

トヨタの伝説のディーラーが教える
絶対目標達成するリーダーの仕事

目次

序章

なぜ寄せ集めの集団がトヨタ史上最高となる48か月連続で販売目標を達成できたのか？

第1章

「個」はいらない、「和」を重んじるリーダーの考え方……33

第2章

目標は私たちのプライドであり、目標達成は生き甲斐である……71

第3章 チーム全員を主役にするリーダーシップ

第4章 脅しや不安感ではない危機感が人材を育てる……153

第5章

グチや文句、不満を言えるコミュニケーションが組織を強くする

序章

なぜ寄せ集めの集団がトヨタ史上最高となる48か月連続で販売目標を達成できたのか？

寄せ集めのメンバーで最強の組織をつくるためにしたこと

トヨタ自動車の都内直営販売会社であるトヨタ東京カローラに勤めていた私は、ある店のオープンに当たって店長に就任しました。

そう書くと誇らしげな出来事のように見えますが、私は不安な気持ちでした。

集められたメンバーの顔ぶれがじつに……個性的だったからです。

身長190センチ以上の大男、体重110キロを超える巨漢、ひげもじゃ顔の男……営業職にはおよそ似つかわしくないような風体のメンバーが9人。

初顔合わせの日に店に行くと、お互いの顔色をうかがうように押し黙ったままの彼らがそこにいました。

「これは大変そうだ……」と感じたのを覚えています。

彼らの実力面も心配でした。

自動車販売店は店舗間での競争意識が激しく、他店には絶対に負けないという意気込みで切磋琢磨しています。

だから新店オープンに伴って、自店から1人を異動させなければならなくても、店長は優秀な人を手放したくはありません。

したがって新店には、入社1~2年目の若手か、ベテラン社員でもちょっと扱いが難しそうな者などが集められることが多いのです。

私の店にもそんな人間が集められました。言い方は悪いですが、寄せ集めのメンバーです。

そんな店の店長に就任して、どうなったでしょうか。

私の店舗は、**オープン初月から48か月連続で販売目標を達成し続けました。**

これは**トヨタ系列の国内販売店では史上最高の記録**です。

なぜ、そんなことができたのか。

成功の要因の一つは、**新しい店で何をやるのか、リーダーとしてのビジョンを明確にした**ことです。

私は皆の前で初めにこう宣言しました。

「最初から販売目標を達成する！　そして近隣店舗のなかで1位になる！」

全員が「そんなことできるわけない」と心のなかで思っていたかもしれませんが、私は大真面目でした。

やるからには1位をとる。リーダーがその意気込みを示さなければ、スタッフも本気になってくれません。

また、これは後ほど説明しますが、**「危機感」「存在感」「達成感」「満足感」をチームメンバーに与え、定着させること**。これが目標を達成するための「力」になります。

そして実際に私は、当初の宣言通りに目標を達成することができました。

決して優等生ではなく、ひとクセもふたクセもあるようなメンバーばかりでしたが、そんな個性的な集団だったからこそ、団結したときに爆発的な力を発揮してくれて、目標を達成できたのです。

200メートル圏内に7店舗がひしめき合うエリアで新参者が勝つ

その店にはスタッフ以外にもう一つ、不安な要素がありました。立地です。店は国道沿いに立地していたのですが、すぐ隣、あるいは道路を挟んで向かい側に、トヨタ自動車直営の中古車店と、トヨタ系列の販売店が軒を連ねていました。

さらに、他の自動車メーカー系列の店舗も含めると、200メートル圏内に計7社の販売店がひしめき合ってモール街を形成していました。

お客様から見れば、ここへ来ればいろいろな店の車を一度に見られるので非常に便利。しかし店舗側から見れば、近隣店舗との競争はこれ以上ないほど激しいエリアといえます。他の系列とはもちろん、同じトヨタ系列とも競争していかなければならないからです。

そんな環境に私たちは、新参者として乗り込んでいったわけです。

環境的にはネガティブ要因ばかりのように思えますが、私はポジティブに捉えていました。

まず立地条件については、モール街を形成しているため、お客様が集まりやすいというアドバンテージがありました。

周囲の店との競合についても、問題ではないと捉えました。

隣接しているトヨタ系販売会社はそれぞれ異なる層をターゲットとした品揃えをしていますが、実際にはかなりの車種を重複して販売しています。そのうえ、直営の販売店なので、価格面では大きな差を付けられません。

差を付けるとしたら、接客対応やアフターサービス、店舗の快適さといった部分しかありません。

自動車に限らず家電などでも同じですが、お客様は高価な買い物をするとき、価格だけで決めるものではありませんよね。

価格は多少高くても、「店員が親切に対応してくれた」「アフターサービスが充実していそうだ」「店内がきれいで快適だった」といった理由で買う店を選ぶこともあります。

そのような選ばれる理由をつくるのは、結局のところ**「人」**です。

つまり店舗スタッフの質を高めれば、近隣の競合店舗にも勝つ可能性は十分にあるということです。立地は自分の力ではどうしようもできませんが、スタッフの質はこれからいくらでも高めていくことはできます。

そう考えて私は、スタッフ一人ひとりの育成を熱心に行いました。また、個人プレーよりもチームワークを重視し、目標を連続して達成するためのマネジメントに力を入れました。

その結果、近隣店舗のなかでも一番の売上を実現できたのです。

リーダーとしての務めは何か

リーダーとしての務めは何かと問われれば、私はこう答えます。

「部下を幸せにすること」

これに尽きます。チームのメンバーである部下を幸せにすることによって、初めてリーダーである自分も幸せになることができます。

ですから、リーダーが幸せな思いをしたかったら、まずはチームのメンバーを幸せにするしかないのです。

部下の「幸せ」はどこから得られるかといえば、仕事のやりがいや満足感です。

したがってリーダーは、日々の仕事にやりがいを持たせてあげて、成果に満足感が得られるように、スタッフを導いてあげることが大事になります。

やりがいや満足感が高まれば、それに伴って実績が上がり、給料も増えることになるでしょう。給料が増えれば、美味しいものが食べられて、生活水準が向上し、私生活の面でも充実を実感できます。

そこまでやって初めて、部下を幸せにできたといえるのではないでしょうか。

私は、リーダーにはそれだけの役目を負う覚悟が必要だと考えます。


もう一つ、リーダーが行わなければならないことはこれです。

「部下の仕事の成果に対して評価をすること」

当たり前かもしれませんが、会社から見れば、人事評価をするためにリーダーはいます。

もちろん評価をするときには、誰もが納得できるように、公平、公正を心がけなければなりません。

リーダーが不公平に評価をしていたら、部下は不信感を抱くようになり、そのチームは崩壊してしまいます。

公平に評価して、良い成果をあげた人を褒めてあげる。また、悪い点がある人に対しては、個別に指導して改善する。そうすることで、仕事のやりがいや満足感を高めることにもつながります。

右肩上がりの目標に対して、なぜ48か月連続で達成できたのか

ご存じの通り、トヨタという会社は自動車販売台数世界一を誇る巨大企業です。世界一である企業は同時に、世界一の誇りを懸けて実績をあげていくのです。

グループである自動車販売会社にも、目標設定や、設定した目標に対する達成率が求められます。

といっても考え方は単純で、その月の販売目標を達成したら、翌月は前月に少し上乗せして目標を設定される、ということ。シンプルですが、これがきついのです。

私が新店の店長に就任したとき、店舗の販売目標は当初1か月に25台前後でした。店舗の規模は中の小といったところですから、妥当な目標といえます。

ところが達成するたびに、1か月に約1台のペースで目標が増えていきます。

12か月目くらいまでは、それほど厳しくは感じませんでした。しかし、24か月、36か月とクリアし続けるうち、肉体的にも精神的にも厳しくなっていきます。

48か月連続で達成する頃には、目標は店舗スタート時の約3倍となる75台ほどにまで膨れあがっていました。

一か月75台というのは、社内でもトップクラスの大規模店舗と同じくらいの数値です。

これを、中の小クラスの店舗で達成しなければならないわけです。ちなみにスタッフの人数は最初からほぼ変わっていません。

このように説明すれば、48か月連続達成がいかに難しいか、おわかりいただけたかと思います。

ではどうして私の店舗では、右肩上がりに上がっていく目標をクリアし続けることができたのでしょうか。

それは**上がっていく目標以上に、スタッフが成長してくれたから**です。

48か月というと4年間ですから、スタート時に新人だったスタッフは4年目には中堅社員になっています。

新人と中堅では、経験もスキルも格段に違います。抱えている顧客の数もだいぶ増えています。

このようにスタッフの力が確実に上がっていれば、右肩上がりの目標の達成も難しくはないのです。

なお当時のスタッフのなかには、社内での年間表彰を獲得するまでになった者が3人います。また、今ではリーダーとして店長・マネジャー職で部下を指導、育成している者もいます。

人の成長には限界がないのです。

リーダーがスタッフに与える4つの要素

私は、チームのリーダーがスタッフに示し与えるべきものとして、4つの「感」があると考えています。

それは、「危機感」「存在感」「達成感」「満足感」です。

まず「危機感」。

危機感といっても、危険や不安、恐怖などではありません。

恐怖感や不安感、プレッシャーを与えてスタッフをコントロールしようとするリーダーはいますが、それではスタッフが縮こまり、後ろ向きになってしまうので逆効果です。

私の考える**危機感とは、ほどよい緊張感のようなもの。**

私は元来、小心者で心配性なので、常に準備をしたり、何か新しいアクションを起こしたりしていないと落ち着きません。

そんな気持ちをスタッフたちとも共有することが、危機感を与えるということです。

危機感を与える方法としては、詳しくは後で説明しますが、競合相手の「良いところ」をスタッフに見せるというものがあります。

なお、目標を使って危機感を与えるという方法はよくありません。「今のままじゃ、目標を達成できないぞ」などと脅してしまうと、スタッフが目標を嫌いになり、モチベーションを低下させてしまうからです。

次に与えるものは**「存在感」**。

働く人がどんなときに力を発揮するかというと、自分が認められているときです。「このチームにとって自分は欠かせない存在だ」「自分がチームの主役だ」、そのように感じられるとき、人は自分の価値を自覚でき、元から持っている実力を十分に発揮して活躍できます。

逆に、「このチームにとって私はいらない人間だ」と感じると、実力を発揮するどころかやる気をなくしてしまい、さらには周囲の人の足を引っ張る落ちこぼれになってしまうのです。

したがって**チームリーダーは、どんなスタッフに対しても、「このチームには君の力が絶対に必要なんだよ」と自覚させてあげる必要があります。**

具体的にはこれも後ほど説明しますが、些細なことでも褒めたり、一人ひとりに何かの役割を与えたりといった方法があります。そうすることで、チーム内での自分の「存在感」に気づかせてあげられます。

３つ目は**「達成感」**で、最後は**「満足感」**です。

達成感と満足感はとても似ていますが、私は明確に区別しています。

達成感というのは、何かを成し遂げたときに起こる、「自分はやったぞ」「できたぞ」という気持ちです。そこにはプラスの感情もマイナスの感情もありません。

満足感というのは、読んで字のごとく、満ち足りたという気持ちで、プラスの感情です。

たとえばレストランに行き、大盛りを頼んだら、予想以上にボリュームのある大盛りが出てきました。「こんなに食べられるかなぁ」と思いつつ、何とか完食できたときの気持ちは「達成感」です。

ただ、達成感はあっても、味が美味しくなかったら「このレストランにまた食べに来たい」という気持ちにはならないかもしれません。

一方で食べ終わった後に、「ああ美味しかった。また食べに来よう」「この幸せな気持ちを何度でも味わいたい」という気持ちになることができれば、それは「満足感」です。

これを仕事に置き換えれば、**チームの目標・個人の目標をクリアすることで、スタッフが抱く気持ちが達成感**です。しかし、達成感だけでは、次の目標もクリアしようという動機にはならないかもしれません。

「目標を達成して充実した気持ちになれた」という満足感を持ってもらってこそ、次の目標へと向かっていく力になります。

第2章で、連続達成に必要不可欠なサイクルについて説明しますが、このサイクルを回していくためにも、「達成感」と「満足感」は絶対に必要です。

他にも、緊張感や責任感なども大事ですが、最低限必要なのは、この4つです。

4つの「感」があり、4つの「力」となる

「危機感」「存在感」「達成感」「満足感」の4つの「感」は、リーダーがチームを動かす際の原動力です。**4つの「感」をスタッフに与えることで、次の4つの「力」を引き出す**ことが可能となります。

4つの力の1つ目は、**「行動力」**。

人が行動を起こす動機は、大きく2つに分けられます。自発的か、あるいは強制的か、です。

私の若い頃、仕事というものは、上司から命令されて強制的にやらされるのが普通でし

た。しかし今考えてみれば、そんなのはおかしな話です。強制的にやらされても、仕事に対する前向きな意欲は生まれません。

強制的にやらせるか、あるいは自発的に取り組んでもらうか、どちらが成果に結びつくかといえば、明らかに後者です。

4つの「感」からは、**「自発的な行動力」を引き出す**ことができます。

次に、**「貢献力」**。

人が働く理由には、「キャリアアップしたいから」「お金が欲しいから」などいろいろありますが、「一緒に働きたい人がいるから」というものもあります。

私が実際にそうでした。若手営業だった頃、気にくわないことがあり、ふてくされていた時期がありました。

そんなときに当時の上司は、私を何とかして一人前にしようと、厳しいながらも愛情を持って指導してくれました。

そのおかげで私は真面目に仕事に取り組むようになり、成長することができました。それで私はいつしか、「成果を出して、育ててくれた恩を上司に返そう」という気持ちになりました。

このように、**自分が信頼する人のために役に立とうとする力**が「**貢献力**」です。英語で言うなら「フォロワーシップ」ですね。

チームとして目標をクリアするには、部下の貢献力が欠かせません。

次に「**団結力**」。

会社組織が何のためにあるかというと、「個」の力では成し遂げられないものを「組織」の力で成し遂げるためです。

車を売るのも、道路を造るのも、本を出版するのも、１人でできるものではないので、組織で活動する必要があります。つまり個人戦ではなく団体戦です。

団体戦に臨む場合、個人個人がバラバラに動いていては勝つことができないので、団結してチームワークを発揮する必要があります。

団結力とは何かといえば、**チームを同じ方向に向かせるための力**です。

チーム全員が同じ方向を向いて力を合わせれば、個人の力を集めただけでは到底クリアできないような高い目標も、達成することができます。

最後は**「持続力」**。

目標を単に達成するだけでなく、連続して達成すれば、その成果はより価値のあるものになり、満足感も高まります。

目標を連続達成するためには、持続力が必要です。

個人個人には好不調の波があり、いつも絶好調というわけにはいきません。

しかしリーダーが個人の状況をよく見極めて、好調なスタッフにはそれを維持できるようなサポートを行い、不調なスタッフには調子を取り戻せるように手を差し伸べてあげることで、チーム全体として一定水準以上の調子を維持することができます。

好不調のバランスをとることが、目標達成の持続力につながります。

4つの「感」があるからこそ、4つの「力」が生まれる。その力が、あなたのチームも目標達成に導いてくれます。

それでは、具体的な手法について第1章から説明していきましょう。

第1章

「個」はいらない、「和」を重んじるリーダーの考え方

人は「言葉」ではなく、「心」で動く

自発的な行動を促す

リーダーになった人は、「どのようなコミュニケーションをとったら、部下はやる気になってくれるのだろうか」と悩んでいるのではないでしょうか。

トップダウンで厳しく指示命令したほうがいいのか。あるいは優しく丁寧にお願いしたほうが効果的なのか。はたまた情熱的に攻めるべきか……。試行錯誤している人もいるかもしれません。

しかし、本当に大事なのは、話し方や言葉の選び方ではありません。

人は「言葉」で説得されたときではなく、「心」で納得したときに動くからです。

ひと昔前は言葉だけで十分でした。中高年世代の方ならわかるかもしれません。上司は

「やれ」のひと言で、部下はそれに黙って従っていました。

でも、今はそういう時代ではありませんよね。今の若い世代の人たちは、上司がいくら言葉で言っても、動いてくれません。上司という立場を振りかざして、強い言葉で無理やり言うことを聞かせようとすれば、部下はあっさりと辞めてしまうかもしれません。

もちろん部下だって給料をもらう身分ですから、上司に対していちいち口答えすることはないでしょう。口では「はい、わかりました」と答え、一応言われた通りにはやろうとします。

しかし、上司の言ったことが完全に腹に落ちてはいませんから、積極的で自発的な行動にはつながりません。

序章で、「行動力には自発的なものと強制的なものがある」と説明しましたが、自発的な行動と、他人に強制された行動、どちらがより高い成果につながるかといえば、間違いなく自発的な行動です。

他人に強制され、納得感のないままでは、上っ面の仕事しかできないからです。

たとえば顧客に対する提案一つとっても、マニュアル通りに上っ面で行うのと、自分が納得してお客様の立場に立って行うのとでは、その伝わり方は全然違ってくるはずです。

目標達成への道筋を具体的に示す

私がトヨタ史上最高となる48か月連続での販売目標達成を実現できたのは、何よりも部下のおかげです。**私の方針に対して部下が心から納得してくれて、自発的に行動し、それぞれの持つ力を十分に発揮してくれた**からです。

もし、部下の心などは全然気にせず、トップダウンで「やれ」と言い続けたとしたら、決してあのような大きな成果はあげられなかったことでしょう。

では、どういうときに部下は納得して動いてくれるのでしょうか?

たとえば、ここに成績の悪い営業がいるとします。あなたは組織目標を達成するために、なんとしても彼に自分の成績をあげてもらう必要があります。

そんなとき、どのようにしてやる気を起こしてもらいますか?

「週末までに1件の成約が君の目標だね。そのためには、今日は20件の訪問、30件のテレコールをこなす必要がある。よし、頑張ろう」

普通のリーダーはこれくらいの指示をするだけです。でも、これだけでは不十分。なぜ、20件の訪問や30件のテレコールをこなす必要があるのかまで伝えていないからです。部下は「この忙しいのに、なんでそんなに訪問や電話をしなければいけないんだよ」と心のなかで反発してしまいます。

そこで、もっと細部まで踏みこんで伝える必要があります。

「週末までに1件の成約が君の目標だね。君の見込み客からの成約率は3件に1件だから、今週末までには3件の見込み客をつくる必要がある。これまでのデータから考えると、3件の見込み客をつくるには、1日20件の訪問と30件のテレコールを今週の前半でこなさなければならない。多いと感じるかもしれないけど、チームが目標を達成するためには、君の今日の行動が必要なんだよ」

このように、**「なぜ」やらなければならないか、そのためには「どのように」するかを具体的に伝えることで、部下のなかに納得感が生まれます。**きちんと納得すれば、部下は必ず動いてくれるようになるのです。

常に先を考え、早いうちに手を打つ

先々の展望を考える

常に先のことを考えて、前もって適切な対策をとっておく。

これはリーダーの絶対条件。これができなければリーダーにあらず、といっていいくらいです。

そんなこと当たり前だろうと思う人もいるかもしれませんが、意外とできていないリーダーは多いものです。

そもそも「先」というのは、どれくらい先のことでしょうか。今日1日のことも「先」ですし、1週間後、1か月後、1年後のことも「先」です。

会社組織であれば、中長期的な経営目標が示されており、それに沿って部門の目標、部・課の目標が決まっていることが多いでしょう。自分のチームにおいても、年度単位や月単位で目標が決まっているのではないでしょうか。

リーダーであれば当然、チームの目標は把握しているはずです。しかし、「その目標を達成するために、今何をするべきか」まで考えている人は意外と少ないのです。

私が営業部長だった時代もそうでした。

「今月の目標達成のためにやることは何？」と聞いても、「えっ、今月ですか……？」と口ごもってしまう部下はよくいました。

彼らも先のことをまったく考えていないわけではありません。でも日々の仕事に追われるあまり、頭のなかにあるのはせいぜい今週末までのこと。

今週のノルマ達成に汲々として、部下に「どうなっているんだ！」「週末までに何とか売ってこい！」などと発破を掛ける。こんなリーダーは最悪ですよね。

チームの運営がうまくいっているときは気持ちに余裕があるので、先々のことまで展望することができます。しかし、そうでない場合は、目先のことしか考えられなくなってしまいます。これは仕方がないことです。

でも気持ちに余裕がないと、トラブルがあったときに適切に対処できなかったり、部下と十分なコミュニケーションがとれなくなったりして、チーム運営はさらに空回りします。

どんどん悪い方向に向かい、抜け出せない泥沼にハマってしまうこともあります。

一度リセットして基本に戻す

そういった状況になったら、全てをリセットして再スタートを切るべきでしょう。

ひとまず今週の目標達成はすっぱりと諦めて、今月の目標達成に向かって、今やるべきことを焦らずに実行していくのです。**目先のことは捨てて、1か月先、1年後に向けてしっかりと種を蒔く。**それが**常に先を考える**ということです。


では一旦リセットしたら、そこからどう行動すればいいのか。

大事なことは、**「基本に戻る」**です。

たとえば私が歩んできた営業畑の仕事においては、訪問や電話で顧客と接点を持つことが基本です。その基本を数多くこなすことで、やがて最終的な成果が表れるものです。

しかし余裕がなくなり、目先のことしか見えなくなると、多くの営業は基本を忘れて、すぐに成果に結びつきそうな既存顧客に力を入れるようになる。それがうまくいけばいいのですが、失敗すれば終わり。種を蒔いていないから刈り取るものがありません。

しかし常に基本を守っていれば、チャンスはまだたくさん残されているわけです。

これはどんな仕事でも、どこの世界でも同じです。

野球のバッターも、焦ってくると起死回生の一発を狙うようになります。そうなると、大振りになるのでバットに球が当たらず、余計スランプになってしまう。そこから脱するためには、基本を思い出してコンパクトなスイングをすることが大切になります。

焦っているときや不調のときだけではありません。好調のときも同じ。**基本を守ることを心がけておけば、常に好調を維持していくことができる**のです。

存在が認められれば、

部下は「ゾンビ」にならない

部下を腐らせない

優秀な人がリーダーになったとしても、チームの運営がうまくいかず、実績があがらなければ最悪の場合リーダーをクビになることもあります。

その原因は、「ゾンビ」の存在にあるかもしれません。

ゾンビとは、落ちこぼれて、腐ってしまっている人のこと。

チームのなかにはいろいろな実力レベルの人がいますが、目立って「できない部下」がいるとき、リーダーはどのように接するでしょうか。必要以上に厳しく接してしまう人もいるでしょう。

時に厳しさは必要ですが、加減を間違えると、本人を攻撃するだけになってしまいます。「何やってんだ、ちゃんとやれよ！」「お前のせいでチームの目標が達成できないんだろう！」なんて怒りをぶつけてしまったら、もう上司と部下の信頼関係もなにもあったものではありません。その部下は心を閉ざし、リーダーの言うことなんて一切聞かないゾンビになってしまいます。

私から言わせてもらうと、ゾンビを生み出してしまうリーダーに問題がありますが、気づいていないことが多いのです。

ゾンビがやっかいなのは、単にリーダーの指示を聞かないとか、成績が悪いといったことではありません。仲間を増やそうとするところです。

ホラー映画でもよくありますよね。ゾンビに襲われて噛まれた人間が、自分もゾンビになって他の人間を襲う。ゾンビがどんどん増えて街のなかは大パニック……。

現実世界では、ゾンビはリーダーが帰った後に動き出します。

残業で残っている他のメンバーをつかまえて、「うちの店長はひどいよな」「あんな無茶苦茶な目標、達成できるわけないよ」「こんな会社、早く辞めたいな」などとグチを言って仲間を増やそうとします。

ゾンビが仲間にしようとする相手は同僚だけではありません。先輩ゾンビが後輩を仲間に引き入れようとするケースもあります。気弱な後輩は先輩に逆らうことができずに、いつの間にか自分もゾンビになってグチを言うようになります。

そして次第にチーム全体にゾンビが蔓延し、リーダーが気づいたときにはもう遅いのです。グチばかり言う後ろ向きな集団のできあがり。最終的には、リーダーが責任をとらされてクビになるわけです。

みなさんの職場でも、こんなことはあるのではないでしょうか？

ゾンビを生み出さないためには？

58ページの『「個」はいらない、「和」を重んじる』で説明しますが、私はチームにエースはいらないと思っています。**チームとして連続で目標を達成し続けるためには、1人のエースを育てるよりも、ゾンビをつくらないことのほうが大事**です。

ではゾンビをつくらないためには、どうすればいいのか。

ひと言でいえば、**存在を認めてあげる**ことです。

リーダーから叱られ続けて、「自分はこのチームにはいらない存在なんだ」と思ってしまうことがゾンビ化する原因です。

しかし、たとえ仕事の能力が低いメンバーであっても、チームにとっていらない存在ではありません。彼も貴重な戦力なのです。

私は、どんなメンバーであっても、

「チームの目標を達成するために、あなたの力は必要なんだ。協力してくれないか」

「あくまでも主役は君たちなんだよ」

「君たち一人ひとりが力を発揮してくれなければ、目標は達成できない」

と繰り返し伝えることで、「自分の存在が認められている」と感じてもらうようにしてきました。

自分が主役のように振る舞っているリーダーもいますが、それは大きな間違い。あくまでもメンバーが主役です。

主役であるメンバーを輝かせるためにリーダーの存在がある。そう心得ていれば、ゾンビを生み出さない環境をつくることができます。

ファーストクエスチョン、ファーストアンサー

瞬時の返答が明暗を分ける

相手との信頼関係をつくるうえで非常に重要なことは、最初の質問に対して、的確な答えを返すことです。

たとえば店舗にお客様が来て、店員に話しかけるとします。最初に話しかけるひと言は、あいさつでも、商品に対する感想でもありません。基本的には質問です。

「この商品いくらですか?」「○○という商品はありますか?」「見積書を作ってもらえますか?」「都内まで配送するといつ届きますか?」「この部屋は内覧できますか?」などなど。

こうした質問に対してどう答えるかで、店員とお客様との信頼関係が決まってしまいま

す。だから私は、「ファーストクエスチョン、ファーストアンサー」を大事にしています。

ファーストアンサーは、あいまいではいけません。相手が納得するような答えをズバッと示すことが重要です。

たとえばお客様がカタログを見て、「これの青はありますか?」と聞いてきたとします。「ちょっと待ってください。確認してきます」と待たせておいて、戻ってきたとたん、「あいにく在庫がありませんでした。次回お越しいただくときまでに用意しておきますので、ご連絡先を……」などと言っていたら、お客様はガッカリし二度と来てくれないでしょう。

こんな対応はプロとしては失格。準備が足りない証拠です。販売の仕事に限らず、お客様やビジネスパートナーからされる質問は、あらかじめ想定できる内容のものがほとんどです。基本のパターンに対しては、納得してもらえるような答えを用意しておくべきです。

「こちらの商品の青はありませんが、型番違いの青ならございます」「青は来週入荷予定です。本日は青よりも人気の黄色をご覧になりませんか?」などと対応すれば、お客様との信頼関係を構築することができます。

部下からの質問に躊躇せず答える

「ファーストクエスチョン、ファーストアンサー」が大事なのは、何もお客様やビジネスパートナーとの関係に限ったことではありません。社内での人間関係においても同じです。

たとえば新しくマネジャーに就任したとします。チームのメンバーはマネジャーがどんな人かわからないので戸惑っています。でもやる気がある人、積極的な人だったら、マネジャーにいろいろと質問を投げかけてくるでしょう。

「マネジャーはこの店をどうしたいのですか?」

「チームの目標は何ですか?」

こんな質問に対してマネジャーが、

「そうだなぁ……。とりあえずたくさん売る店にしたいよね」

なんて適当な答えをしていたら、もう印象は最悪です。私が部下だったら、「なんだこのマネジャー。頼りなさそうだな」と思ってしまいます。反対に、

「オレはこのチームを絶対にナンバー1にする。みんなで頑張ってナンバー1を目指そう」と力強く断言されれば、頼もしいマネジャーだという印象を受けるでしょう。

人の第一印象は、その後の人間関係にも大きな影響を与えるといいます。これを心理学では「初頭効果」と呼ぶそうです。

ビジネスシーンなら、仕事相手は数秒から数分の間に、「この人は能力が高そうだ」とか「この人はリーダーとして信頼できそうだ」と判断し、その印象がしばらく定着してしまうということです。

だからこそ、「ファーストクエスチョン、ファーストアンサー」なのです。

返答の正確性はあまり重要ではありません。もっといえば、間違った答えでも構わないとさえ思っています。

間違っているかもしれないと尻込みして、「それはおそらく……70%、いや75%だったかな?」などとモゴモゴと答えるよりも、「70%です!」と力強く言い切ってしまったほうが、相手に対してよほど信頼感を与えられます。

日頃からファーストアンサーをズバッと答えられるようにするためには、想定される質問を考えておくことも大事ですが、信念やビジョンを持つことも大事です。**仕事に対する信念やビジョンが明確になっていれば、各論的な質問に対しても、ぶれることなく即座に答えを出すことができる**からです。

「モチベーションコントローラー」となる

やる気を継続させる

人間には誰でもバイオリズムのようなものがあり、常に好調を維持できるとは限りませんよね。好調のときもあれば不調のときもあるのが普通です。

しかしチームとして高い目標を達成するためには、そのチームに属するメンバー全員に、最大限の能力を発揮してもらわなければなりません。

そのためには、メンバーの一人ひとりに、仕事に対するモチベーションを高く維持してもらう必要があります。

特に連続で目標を達成し続けるとなると、モチベーションの状態が重要になってきます。

息切れすることなく、全員が積極的に、熱狂して仕事に取り組んでいる状態をつくらないと、連続達成は成し遂げられないのです。

ではそのモチベーションをキープするのは誰の役割でしょうか。

多くのリーダーは、「モチベーションなんて、自分自身でコントロールするものだろう」と思っています。

もちろん、本人次第というところもありますが、自らのモチベーションを保つ方法をわかっている人ばかりではありません。とりあえず目の前の仕事をこなすことだけに集中している、という人のほうが多いのではないでしょうか。

だからこそ私は、リーダーがチーム全員のモチベーションをコントロールしてあげなければならないと考えています。**モチベーション管理はリーダーのスキル**の一つです。

観察は大事なスキル

モチベーション管理の基本は、メンバー一人ひとりの状態を把握すること。そのためには、日頃から一人ひとりの状態を注意深く観察することが大切です。

たとえば、メンバーが疲れているような様子を見せていたら、休暇がとれていないとか、残業続きでろくに睡眠もとれていない可能性があります。

休暇の取得や労働時間は仕事に対するモチベーションに直結します。あまりにハードワークが続けば、心身の健康を損ねることにもつながりかねません。そんなメンバーを出してしまったら、目標の達成どころではありません。

休暇の未取得や長時間労働といった問題に対して、メンバー自らが対処できるかというと、なかなかそうはいきません。周りの人も同じように忙しく働いているのに、自分だけ「早く帰りたい」なんて言い出すことはできないからです。

だからこそリーダーが常日頃からよく観察し、疲れて見えるようなメンバーがいたら、休暇をとるように指示するとか、定時で帰らせるといった方法で問題の解決を図ってあげる必要があります。

休暇や労働時間以外にも、職場の人間関係、仕事の内容、職場環境など、モチベーションに関わる要因はさまざまあり、リーダーの裁量で改善できる問題も多くあります。

よく見られるのが、実績があがらず低迷し自信を失っているときです。

そのようなメンバーにはリーダーが積極的に協力しましょう。

私は行動を共にするようにしていました。原因を探り、的確にアドバイス、もしくは仕事を見せることで、すぐに実績につなげました。

トラブルなどを抱えているメンバーは注視しているとわかります。人のいないところでコソコソ電話をしたり、決められた時間に帰社してこなかったりなど。おかしいと思ったら聞いてみることです。

そこで理解し合えれば、モチベーションアップにつながります。なかなか本当のことを言わない人のほうが多いですが、根気よく接しましょう。

どれも観察していないと、わからないことばかりです。上に立つ者として、モチベーション低下の要因をすぐに発見し、すぐさま解決のためにフォローに入りましょう。障害を取り除けば、自ずと前を向いて頑張れるものです。

モチベーション低下の兆候が見られたら、問題を解決するための対策を打つこと。それがチーム全体で好調を維持するコツです。

失敗を歓迎し、共有する

失敗の理由を探る

失敗にも、怠慢や油断による失敗と、挑戦したうえでの失敗があります。挑戦したうえでの失敗なら、むしろ歓迎するべき。失敗をすることで、成長につながり成功に近づくからです。

ポイントは失敗したときにどうするか、です。部下と話し合い、失敗の原因を探り、次に向けて解決策を考えることが大切です。

しかし時間的に余裕がないからか、多くのリーダーは「過ぎたことはしようがない。もう忘れて次の仕事に取りかかろう」、こんなふうに終わらせてしまいます。これは大変もったいないこと。失敗から何も学ぶことができないからです。

失敗の原因を知り、解決策を準備しておかなければ、忘れた頃にまた同じ失敗を繰り返してしまいます。

部下が失敗してしまったら、リーダーは部下と一緒になって、なぜ失敗に至ったのか理由を探ることが大切です。

そのときに、間違っても問い詰めるような言い方をしてはいけません。人は問い詰められると言い訳をしたりごまかそうとしたりしてしまうからです。そうなると本当の原因を探ることができなくなります。

将棋の世界には「感想戦」といって、双方の棋士が対局を振り返り、感想を話し合う習慣があります。感想戦をやるからこそ将棋が強くなるといわれています。あの感想戦のイメージで、失敗についても部下と話し合ってみてください。

たとえばこんなことがあったとします。

営業がある若いお客様に提案をしたところ、本人は乗り気になって買う決断をしてくれて、契約直前の段階まで話が進みました。しかし、土壇場になって「親に別のメーカーにしろと言われたから」とキャンセルされてしまった。

よくある失敗なのですが、こういうときに「親に言われたんじゃ、しようがないよね」

で終わらせてしまってはダメなのです。部下と話し合って原因を探りましょう。

リーダー「本人ではなく親御さんがお金を出すって知っていたの?」
部下「知っていました」
リーダー「じゃあ、なぜ親御さんにあいさつに行かなかったの?」
部下「車種は自分で決めると本人が言っていたので……」
リーダー「そこが問題だったね。決裁者なんだから、口も出すのが普通だよね。次はどうしたらいいと思う?」
部下「そうですね……。親御さんにもアプローチしておくようにします」

といった感じで失敗の原因を探り、解決策を考えるようにしてください。

失敗をオープンにし、メンバーで共有する

失敗についてもう一つ大事なのは、チームで共有することです。

成功事例を共有することは、どこの会社でもやっているかもしれません。一方で失敗事例は、本人が恥ずかしいと思うからか、後ろ向きなイメージがあるからか、共有されることは少ないようです。

しかし失敗のなかにこそ、成功の鍵があります。積極的に共有するべきです。

先ほど説明したように失敗した原因を探ったら、今度はそれをチームのメンバーで共有するようにしましょう。たとえば朝礼での発表でもいいですし、グループウェアなどの情報システム上に掲載するのでも構いません。

「昨日、こういうことがありました。問題点はあそこにありました。次からは対策としてこうしようと思っています」

というふうに簡単に紹介するだけでも、他のメンバーの役に立つはずです。

吊し上げではありません。あくまでも有益な情報として共有するわけです。

これが習慣になれば、失敗に対するネガティブなイメージがなくなります。失敗を隠したり、失敗を恐れてチャレンジをしなくなったりすることを防げるのです。

「個」はいらない、「和」を重んじる

目標は2種類存在する

目標には、組織目標と個人目標があります。では個人目標を集計したものが組織目標になるのかというと、そうではないと考えています。

たとえばAさん、Bさん、Cさんがいて、全員が個人の目標を達成できれば、それらを合計してチーム全体の目標が達成できる。だから個人個人が目標達成に向けて頑張ろう。……これは事実として間違ってはいません。

間違ってはいませんが、チームとしては危険です。メンバーそれぞれが自分の目標だけを追い求めればいい、という考え方になってしまうからです。

Aさんは目標にギリギリ届いた。Bさんは少し届かなかった。Cさんは目標を少し上回った。結果としてチーム目標を100％達成した。これでいいわけです。

リーダーとしてチームを率いている以上、チームの目標を達成させるのがミッションです。そこで**大事なのは、メンバーがお互いをカバーすること**。Aさんの手が回らなかったらBさんとCさんがカバーする、というように助け合う体制を整えておくことが大切です。

トップセールスなんていらない！

私はトヨタの店長として48か月連続で販売目標を達成しましたが、当時の部下には、全社ランキングに入るようなトップセールスは1人もいませんでした。むしろ平均レベル以下のメンバーが多くいました。

じつはそこが大きなポイントです。

チームとして連続で目標を達成するために、成績優秀なトップセールスがいる必要はありません。いえ、むしろトップセールスなんて正直言って邪魔なんです。

なぜか。トップセールスがいると、リーダーも他のメンバーも、その人に頼ってしまい、自分の力を十分に発揮できなくなってしまうからです。

トップセールスが頑張ってくれているうちはいいのですが、その人がコケたとき、チーム全体がコケてしまいます。また、力を付けたトップセールスは、もっと給料のいい会社に転職することもあります。いずれにしても、チームとして連続で目標を達成し続けることが困難になるわけです。

また、トップセールスがいると、リーダーはどうしてもその人を可愛がり、甘やかすようになります。その人さえいれば、チームの成績は安泰だからです。

するとトップセールスは、やがて自分を特別な存在だと思うようになり、わがままになります。でもリーダーは叱ることができず、多少のわがままを許してしまいます。

メンバーに対するリーダーの接し方に差が出て、他のメンバーは差別をされているように感じてしまいます。結果として、チームワークが悪くなってしまうのです。

チームで目標を達成し続けるには、チームワークはとても重要。だからこそ際だって優秀なメンバーはいらないのです。

チームで結果を出すということ

私は店舗のメンバーにも常々、「個」ではなく「和」が重要だと説明していました。そうするとメンバーもそれを理解してくれて、チームとしての目標に向かって何をするべきか考え、行動してくれるようになりました。

あるときは、こんなこともありました。

ランキングには入らないものの、そこそこ優秀な営業のA君がいました。彼はショールームで自分のお客様を案内していたのですが、そのお客様はすぐにでも注文を出してくれそうな状態です。

そんなオイシイお客様を、あろうことか他のメンバーにゆずったのです。

A君は受注寸前の状態まで持っていったところで、落ちこぼれ寸前の「ゾンビ」になりかけていた営業のB君にバトンタッチしました。

そしてB君は久しぶりに受注をとることができ、自信を取り戻すことができました。

同じ店舗の営業の間でもお客様を取り合うのが普通です。でもA君はチームのために、B君を助けてくれました。なかなかできないことだと思います。

これはA君の度量の大きさがあったからこそなのですが、「和」を重んじてチームづくりをしてきた成果でもあります。

常に率先垂範を心がける

部下はいつもリーダーの仕事を見ている

自ら率先して行動すること、つまり「率先垂範」はリーダーにとって不可欠な資質の一つです。

棚の整理、共有スペースの清掃、ゴミ捨て、郵便物配りなど、下っ端がやるようなことを率先してやるのです。

率先垂範の一つとして私がよく行っていたのは、トイレ掃除です。

お店でもオフィスでも、専門の掃除業者が入っていない限り、トイレ掃除は従業員の仕事ですよね。

たいていの場合、パートの方や一番下っ端の新入社員が担当しています。みんなトイレ掃除を嫌がるからです。

しかし私は店長時代、自ら率先してトイレ掃除をしていました。朝・昼・夕方の1日3回。特にお客様の多い土日は5回も6回も、ぞうきんを片手にトイレに入っていき、ピカピカに磨き上げていました。

すると、2つの効果が表れました。

一つ目は、**お客様に喜ばれること。**

「おたくの店のトイレはいつもピカピカで気持ちいいね！」

と、お褒めの言葉をいただいたことが何度もありました。トイレがきれいだからこの店で車を買うとおっしゃるお客様までいたくらいです。

トイレというのは、接客サービス業や小売業にとって非常に重要な要素だと思います。販売目標の連続達成を成し遂げられた要因の一つには、トイレをいつも清潔に保っていたこともあると思います。

もう一つの効果は、**私が何も言わずともメンバーが勝手にきれいにしてくれるようになったこと。**

最初のうちは私ばかりがトイレを掃除していたのですが、そのうち私より先に部下が掃除してくれるようになりました。

「店長にトイレ掃除なんてさせられませんから」と言ってくれたのは嬉しかったですね。

これがまさに率先垂範の効果です。**リーダーの行動を見て、部下は自ら何かを感じ取って、自発的な行動に移してくれた**ということです。

汚れ仕事でもリーダー自らがやってみせる

トイレ掃除以外に私が行っていたのは、洗車です。

自動車販売店には洗車機があるのが普通ですが、当時私の店舗にはありませんでした。

そのため、ホースとスポンジを使って、手洗いする必要がありました。

洗車もやはり若手の仕事です。水を使うので服が濡れますし、そこそこ重労働だから。

しかし私は洗車も自ら進んでやっていました。

自動車販売店では1日に何十台も洗車しなければなりません。1台につき何十分もかけていたら、それだけで1日かかってしまう。だからできるだけ短時間で終わらせる必要があります。

それをわかっていないスタッフは、時間をかけて丁寧に洗車しています。それが当たり前のやり方だと思っているからです。

そこで私が短時間で終わる洗車方法の手本を見せるわけです。私のやり方でやれば、1人なら5分、2人でやれば2分半で終わります。

最初のうちはスタッフに、「なんで店長が洗車なんてやっているんですか?」「洗車をする店長なんて初めてです」などと言われましたが、私の洗車の仕方を見て、すぐに納得してくれました。洗車を効率化することで、他の仕事にかけられる時間が増え、それが結局は営業成績や顧客満足の向上にもつながります。

「やれ」というだけでは人は動きません。**部下にやってほしいと思ったら、まず自分が行動に移すこと**です。

電話をすぐにとってほしいなら、リーダー自らが電話をとる。あいさつをきちんとしてほしいなら、リーダーが誰よりも元気な声であいさつをする。それが率先垂範です。

リーダーにとって部下はたくさんいますが、部下にとってリーダーは1人。その1人のリーダーがどのような行動をするか、部下は注意深く観察しています。

だからこそリーダーは、まず自らの行動で、自分が信頼できる人間かどうかを部下に示さなければなりません。

リーダーが率先垂範すれば、部下もそれに従って自発的に動くようになります。そうすれば、全員がリーダーシップを持った集団になれるのです。

不安があるから人は考える

リーダーは小心者たれ

リーダーといえば、「黙ってオレについてこい」というタイプの、頼りがいのあるボスをイメージする人も多いでしょう。

実際に昔はそういうリーダーがほとんどでしたし、部下もそれを求めていました。リーダー自らが多くを語らず、自らの仕事のやり方を見せて、部下はその背中を見て学ぶ。それで結果が出る時代もありました。

しかし時代は変わり、今はそういうリーダーは求められていません。自分自身が納得しなければ動かない若者がほとんどです。「黙ってオレについてこい」型のリーダーシップはもはや通用しません。

私が組織のリーダーを務めるときに信条としているのは、「リーダーは小心者たれ」ということです。

元来私はすごく小心者で心配性。店長時代にはいつも胃薬を飲みながら仕事をしていたくらいです。そういう性格からか、家へ帰って風呂に入っているときも、休日も、いつでも仕事のことを考えてしまいます。

しかも、全体としての課題だけでなく、個々の細かい課題まで気になってしまいます。今週の目標を達成するためには、誰と誰がどれくらいの数字を残せばいいのか。A君はどんなふうに仕事を進めて、B君はどんなことに力を入れればいいのか。C君はお客様に対してこんな施策を行ってみたらどうだろうか……など。

さらに小心者ですから、先々のことが不安になります。今週だけでなく今月、今月だけでなく1年後まで見据えて、目標を達成するためにはどうすればいいのか、どんな手を打っておけばいいのかと、思いを巡らせてしまうわけです。

逆に考えれば、細かいことが気になって仕方がなくて、いろいろと気を回したからこそ、連続で目標達成ができたのです。

部下の前では不安を見せない

振り返ってみると、小心者の私にとって、48か月連続目標達成は精神的にも肉体的にも大変な挑戦だったことは確かです。

店舗を新規オープンさせてから12か月連続での目標達成も新記録でしたが、それを超えて、24か月、36か月と、ずーっと途切れることなく前月の数字を上回り続けたのですから。目標を達成すれば、次の月は前月を超える目標が設定されるので、目標数値は当初の3倍くらいにまで膨らんでいました。営業会議などでも常に注目を集めている状態になり、プレッシャーはどんどん大きくなりました。

40か月を超える頃になると、「もう辞めたい」「死ぬかもしれない」と思いながらやっていました。

そんな私ですが、部下の前では堂々としていました。いくら不安に思っていても、それを見せてしまっては、部下まで不安にさせてしまうからです。

リーダーは小心者でいたほうがうまくいきますが、部下の前では虚勢を張って、どっしりと構えていてください。

第2章

目標は私たちのプライドであり、目標達成は生き甲斐である

目標は私たちのプライドである

目標とは何か

そもそも目標とは何でしょうか。

どんな会社でも、会社として何を実現したいかというビジョンがまずあります。そのビジョンに向かって、それぞれの組織や個人が具体的にどう活動していけばいいのかを、期間を区切って示したものが目標です。

たとえば私が携わっていた営業職であれば、目標は数字で示されます。売上額や契約数、利益などの数値目標が、週・月・半期・年といった単位で設定されます。

生産や企画、管理などの職種でも、数字というかたちではないかもしれませんが、何らかの目標が設定されていることでしょう。

私は38年間、自動車販売の現場にいましたから、目標は数字そのものでした。「何台売れたか」を追う毎日でした。

私がよく上司に言われたことは、「目標を好きになれ」「数字を愛せ」ということです。会社から与えられる目標に対して、つらいとか厳しいとか、ネガティブな思いを抱いていては、仕事への意欲が生まれません。目標そのものを好きになるほど入れ込むことで、日々の仕事に対する意欲が生まれ、目標達成に近づく。上司はそう言いたかったようです。

理屈はわかるのですが、私は目標を好きになることはできませんでした。「目標がなければどんなに楽か」と思ったこともたびたびあります。

店長時代に、販売目標連続達成の記録をつくったときも、やはり目標が嫌で嫌で仕方ありませんでした。

目標を達成することで、翌月の目標は前月より少し高くなります。連続達成を続けることで、ハードルはどんどん高くなっていきました。さらに、それまでの会社記録を上回る連続達成記録を樹立し、雑誌にも取り上げられて、社内外の注目を集めるようになりました。

私はあまりのプレッシャーに胃が痛くなり、胃薬を飲みっぱなしでした。通勤途中にめまいがして呼吸が苦しくなり、「このまま続けていたら死ぬ」と思ったこともあります。

新たな目標が大きなプライドを生む

それでも諦めることなく目標を追い続けたのは、**それが自分にとってプライドであり、生活の一部であり、生き甲斐だったから**です。

目標があり、それをクリアすれば、喜びや満足感、達成感を得られます。自分自身で成長したことを実感し、自分の存在を認めることができ、プライドが生まれます。

そしてその次には、また新たな高い目標が設定されます。新たな高い目標を達成すれば、今度は以前よりも大きな喜びとプライドを感じることができます。

連続達成はその繰り返しです。

いくら目標が高くなっても、「自分たちなら絶対に達成できる」というプライドがあるからこそ、ひるむことなく立ち向かっていけます。また、リーダーのそんなプライドを感じ取ることで、部下たちはついてきてくれて、チームに団結力が生まれます。

私は本部の部長になって販売第一線から退いたとき、数値目標からやっと離れることができました。

すると、とてもホッとしたと同時に、少し寂しいような気分になりました。毎日仕事をしていても、自分が自分じゃないような、そんな錯覚さえ覚えました。

あんなに嫌いだった目標ですが、自分にとっては、日々の生き甲斐を与えてくれる重要な存在だったのだと気づかされたのです。

どんなビジネスパーソンにも目標は欠かせないものです。目標のない日々には張り合いがありません。

それがどんなに達成困難なものであったとしても、目標があることは生き甲斐になります。まずは目標に正面から向かい合い、達成するためにはどうすればいいのか、考えることから始めてみてはいかがでしょうか。

なぜその目標か、妥当性を説いて理解を得る

できるリーダーの条件

目標達成できるリーダーと、できないリーダーの違いは、**「目標を自分のものにできるかどうか」**にあります。

会社において、目標には2種類あります。個人に設定された個人目標と、組織単位で設定された組織目標です。組織目標を達成する役割を与えられているのがリーダーです。

組織目標は「上から自動的に下りてくる」のが普通です。では上から下りてきたチームの目標を、リーダーはどのようにして部下に伝えているでしょうか。

ほとんどのリーダーはそのままスタッフに下ろすだけ。しかし、それではスタッフは納

得しません。

すでに述べた通り、今どきのビジネスパーソンは、納得できなければ動いてはくれません。

説明もなしにただ高い目標を与えても、「なんでこんなに目標が高いんだ！」「前年より20％アップなんてムチャだよ」と反発や不満を生むだけ。達成に向かって意欲的に取り組んでくれることは期待できないでしょう。

目標を自分のものとして理解させる

そこで**リーダーがまずやらなければならないことは、目標を自分のものにすることです。**

たとえば契約数１００件という売上目標がチームに与えられたとしたら、なぜ１００件なのかを自分なりにしっかりと理解して、そのうえで、部下に説明することが大切です。

しっかりと理解するためには、まず、会社の目標がどのように決まっているのか、自分なりに計算する必要があります。

会社の目標というのは、適当に決まっているわけではありません。

会社を運営するには人件費や仕入れなどの諸経費が必要で、売上から経費を引いた額が最終的な利益として残ります。つまり、「売上－経費＝利益」という計算式で、前年の実績も加味しながら、ある程度の利益を残すために売上目標が設定されます。

これを自分のチームに当てはめて考えてみます。「5人のスタッフがいるから人件費がこれくらい」「事務所の家賃、光熱費はこれくらい」というふうに積み重ねて、自分のチームの経費を計算すると、損益分岐点を超えて利益を出すにはどれくらいの売上が必要かがわかってきます。

そうすると、「チームの利益を〇千万円増やしたいなら、〇件の契約を獲得すればいい」と計算できます。

こうして自分で計算した目標と、会社から下りてきた目標を比較すると、それほどかけ離れてはいないはずです。自分で計算することで、会社から与えられた目標が突拍子もないものではなく、おおむね妥当なものであることがわかります。

リーダーであればこのようなロジックを理解している人は多いのですが、スタッフに理解している人は少ないので、リーダーがかみ砕いて説明してあげる必要があります。

「うちのチームを運営するにはこれくらいの経費がかかる。だからこれだけの売上をあげる必要があり、君の目標は○件になっているんだよ」と教えれば、スタッフの納得が得られるのです。

もちろん会社というのは理不尽なものですから、到底納得できないような高い目標が下りてくることもあります。

しかし、それでも部下に納得させるのがリーダーの役割です。

私が店長だった頃、連続達成が長期にわたったことで、目標数値があり得ないほど大きくなっていました。中規模店舗でありながら、大規模店舗以上の目標が課せられるようになっていたのです。

当然、部下からは「なんでうちの店だけ、こんなに目標が高いんだ」と不満の声が出ます。

そんなときに私はこう説明していました。

「目標が右肩上がりになっているけれど、君たちの実力も右肩上がりに伸びているから問題ないよ」と。

目標を達成すれば、それが個々の経験・スキルを伸ばすことになります。そこには前の自分ではなく、成長した自分がいるわけです。

以前よりも成長し、多くの優良顧客を抱えている自分たちにとって、新しい目標の達成は決して難しいことではない。そう説明することで、部下たちは納得してくれました。

それから部下にはこんなこともよく言っていました。

「期待されて高い目標を与えられるのがいいのか、期待されずに低い目標でいいのか、どっち？」

こう尋ねると全員が、「高い目標がいいです」と答えていました。

誰しも、期待されないよりは期待されるほうがいいですよね。目標がどんどん高まるということは、本人たちにとって苦しい反面、優越感を抱かせることでもあるのです。

連続達成に不可欠なサイクルがある

8つの項目を回す

連続達成を成し遂げるには不可欠なサイクルというものがあり、そのサイクルを着実に回す必要があります。

順に説明していきましょう。

1. 新たな目標

まずは新たな目標が設定され、そこがスタートとなります。

2. 対策準備

設定された目標に対して、どのような対策をとるべきか、チームとしてのプランを練ります。連続達成することで目標が高くなれば、それに応じて対策も変わってくるはずです。

3. スタッフの納得

チームの目標を達成するために、個人としてどのような目標を達成する必要があるのか、スタッフに伝えます。その際、「なぜ、あなたにこの目標が与えられたか」を納得できるように説明する必要があります。

4. 行動

目標を達成するためのプランに沿って、スタッフ個々の行動を促します。

5. 達成

目標を達成することで、チーム全体で達成感を確認します。

6. 喜び、満足、自信

目標を達成したうえで、「次もまた達成したい」という意欲につながるものが満足感です。

12か月連続達成など、大きな節目のときにはみんなで達成感を味わうためのイベントを催すなどして、スタッフに満足感を感じてもらいましょう。

7．次への期待

もっと達成感、満足感を味わってもらうように、スタッフを褒めたり、新たな役割を与えたりして、気持ちを乗せていき、次の目標達成への期待感を醸成します。

8．リセット、切り替え

ここが最大のポイントです。どんな人でも同じペースで走り続けていれば、息切れしてしまいます。目標を達成したら、一度リセットして気持ちを切り替えることが大切です。

具体的には、時間軸で区切りを付けるようにします。たとえば1か月、1週間といった単位で区切りを付けて、いろいろなことをリセットします。

私の場合は1週間のサイクルのうち、「日曜夜7時」をリセットするタイミングとしていました。これは自動車ディーラーにとって日曜日が1週間のピークに当たるからです。

月～金で働く職場であれば、金曜の夕方がいいかもしれません。

目標を連続で達成するためのサイクル

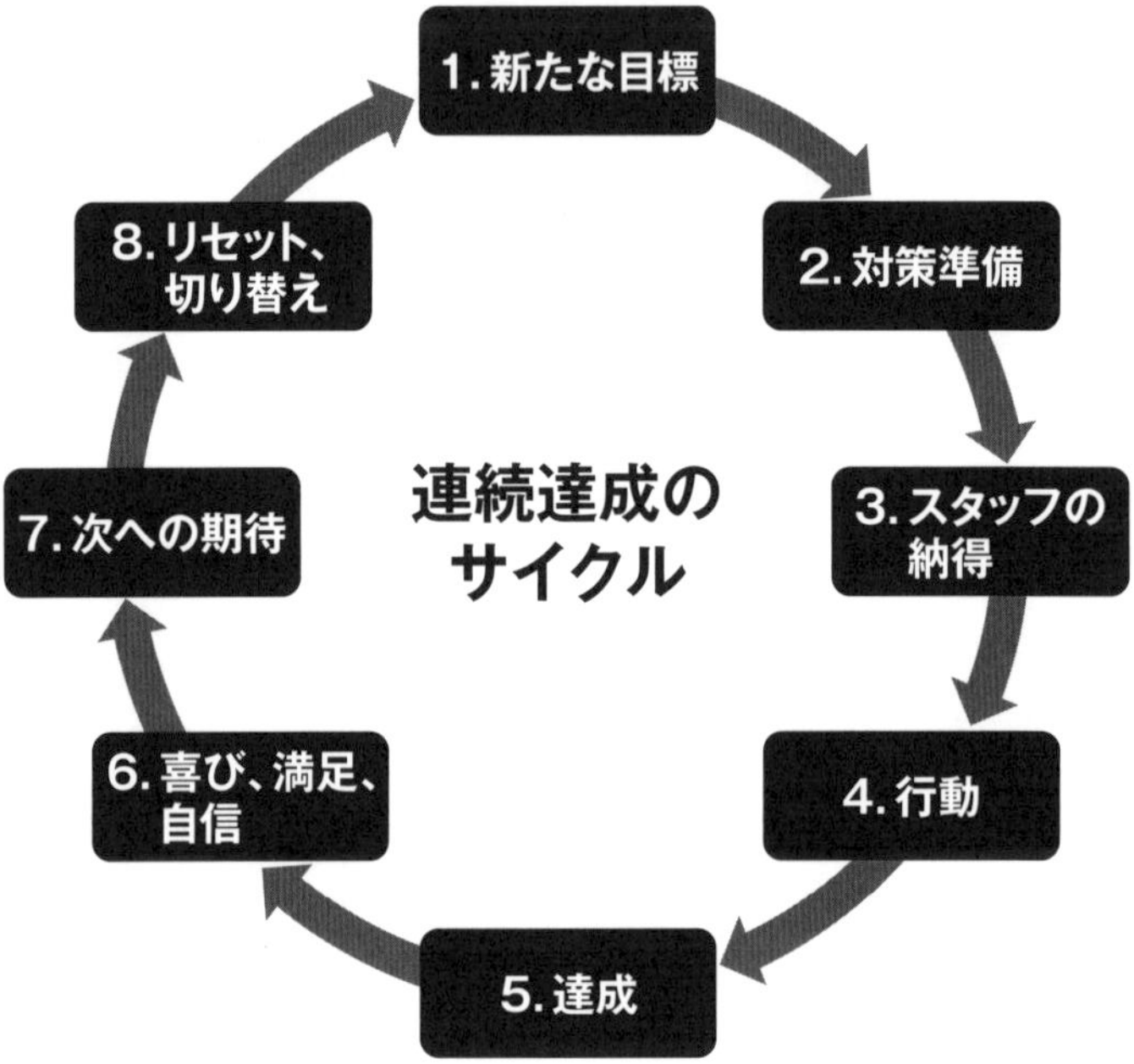

連続達成を実現するために必要な８つの項目をまわしていく。なかでも、「リセット、切り替え」が重要です。

振り返りの時間を設ける

大事なのは、リセットの際に必ず振り返りの時間を設けることです。

5分から長くても10分くらいで構いません。スタッフを集めて今週1週間を振り返っての感想を伝え、優れた活動をした人を褒めてあげてください。

そして、紙に書いて貼り出すなり口頭で伝えるなりして、新たな目標を提示します。週の終わりに振り返りと新たな目標の提示を同時に行うことで、翌週はスムーズなスタートを切ることができます。

高い目標だからこそ、連続達成できる

8割主義を許すな

組織の目標は、上の組織から下りてくることもあれば、自分たちで決めることもあります。

いずれの場合も達成したときには、前の目標よりも高い目標が新たに設定されることになります。したがって目標を連続達成し続けると、ハードルが徐々に上がり続けることになります。

そこでなかには、目標を１００％達成しようとせず、80％くらいに抑えておこうと考える人もいます。

リーダーをある程度経験しているとわかってくるのですが、数値目標というのはたいてい、８割くらい達成すれば「メシを食えるレベル」、つまり収支がトントンになるように設定されています。

だから80％をクリアしていれば、「上司に褒められはしないけれども、怒られることもない」状態でいられるわけです。

それを知っていて、常に目標の８割くらいの達成率を目指す人がいるのです。こういう人を「８割主義」と呼びます。

目標を大幅に下回ることはないけれど、常に80～90％くらいの達成率をキープする。８割主義の人は意外と上司からの評価が高かったりします。

反対に、常に目標の１００％達成を目指して全力疾走しているけれども、結果は１２０％になったり、時には60％に落ち込んでしまったりと波がある人は、あまり評価されない傾向があります。

リーダーとしてどちらを目指すべきでしょうか？

私は、**８割主義ではなく、常に10割を目指すべき**だと考えます。

１００％を目指してチームが一丸となって頑張るからこそ、団結力や行動力が生まれ、実際に達成したときに、大きな達成感や満足感を得ることができるからです。

次の目標のことなどは考えずに、１００％の達成を目指して全力を出し切れば、たとえそれが実現しなかったとしてもリーダー自身やスタッフの成長につながります。取り組みの途中で「今期は目標に届かなそうだ」とわかっても、最後の最後まで諦めず、１００％の力を出し切る。そういう姿勢が大事です。

８割主義のリーダーの下では、スタッフは全力を出してくれることはありません。日頃から８割に慣れてしまっているので、いざというときに１００％の力が発揮できないのです。

リーダーは常に１００％を目指してください。そして、目標を１００％クリアしたらスタッフたちを大いに評価してあげてください。

目標の高さは自分に対する期待の高さ

目標を連続達成し、どんどん目標値が高くなっていくと、他の人と比べて不公平だと文句を言う人もいます。

しかしそれは大きな間違い。**目標は達成すればするほど、その人に自信も実力も付いていくので、高くなって当然なのです。**むしろ目標がどんどん高くなっていくからこそ、やる気がわいてくると考えるべきです。

世界的な登山家だって、初めから高い山へ登ったわけではありませんよね。低い山から始めて、徐々に標高の高い山へ挑戦していくのが通常のステップです。

では一度高い山へ登った人が、低い山に登って満足感を得られるでしょうか？　やはり、今まで登ったことのない高い山へ登らなければ、より大きな満足感は得られないはず。

仕事の目標においても同じです。高く困難な目標だからこそ、達成したときの喜びが大きく、また次も達成したいという満足感につながります。

またそのようなリーダーの姿勢を見ているからこそ、スタッフも力を発揮してくれるのです。

目標の達成感、満足感を全員で実感する

スタッフに感謝する

目標を連続達成するときに大事なことは、一つの目標を達成した後に、達成感や満足感をチーム全員で心に刻み込むことです。

そのためにリーダーがやるべきことは、ごく当たり前のことですが**スタッフに感謝すること**です。

リーダーのなかには、部下が自分の指示に応えてくれることを当たり前だと思っているのか、あるいはシャイなのかわかりませんが、感謝の言葉を口に出さない人もいますが、それではいけません。

人間というのは誰かに認められたいという「承認欲求」がありますから、他人に感謝されたり賞賛されたりすると、モチベーションが上がります。リーダーは部下の仕事を承認してあげることが大切なのです。

注文をとってきてくれたら、**感謝の言葉を伝える**のです。それだけでスタッフは、「自分の仕事が認められた」と実感することができます。

私は、目標達成時に限らず、日頃からたくさんこの言葉を使うようにしています。業務を改善するアイデアを考えてくれたら、「するどい視点だね、ありがとう」。事務などのサポートスタッフには、「助かるよ、いつもありがとう」。

このように感謝を示します。

部下はリーダーのことをよく観察していますから、リーダー自らが感謝の気持ちを積極的に表に出していれば、部下もまた同じように、他人に感謝できるようになります。

お互いに感謝の気持ちを伝え合える職場は、雰囲気が明るく、助け合いの気持ちが強くなります。

また、目標達成時には全員で一緒になって喜ぶことができるようになり、さらに一体感が増します。

目標達成の節目は大いに盛り上げる

大きな節目となる目標を達成できたときには、感謝の伝え方も普段と変えることが大切です。私は握手をしたり肩を叩いたり、時にはハグをしたりと、少々大げさかもしれませんが全身でスタッフに感謝を伝えていました。

また、「12か月連続達成ありがとう！」などと大きな紙に書いて、目立つところに貼り出したりもしていました。

さらに、これは目標設定と同時に決めることですが、「36か月連続達成したら全員でサイパン旅行」などとイベントを企画することも、スタッフの気持ちを盛り上げるのに大きな効果があります。

私の店では、販売目標の連続達成が節目を迎えるごとに旅行を実施していました。

連続達成12か月目のときは焼き肉を食べに行くだけでしたが、24か月目のときは伊豆旅行、36か月目のときはサイパン旅行（諸事情で2人欠席）、48か月目でまたサイパン旅行（全員出席）というように。

目標を掲げると同時に、報奨旅行の内容も発表して、みんなに奮起を促していました。実際の旅行のときは、連続目標達成の大きな達成感、苦しさを乗り越えた解放感から、とても盛り上がり、また明日から頑張るための大きな原動力となりました。

仕事をするときは猛烈に仕事をして、遊ぶときは思いっきり遊ぶ。そんな大きなメリハリをつくることが、チームワークの向上につながります。

目標は与えるのではなく、全員で共有するものと理解する

組織の目標を自分の目標と考える

前述の通り、組織目標を部下に下ろす際にもポイントがあります。それは、**単に目標を与えるだけではなく、お互いに共有する**ことです。

単に上から下へと伝えるだけでは、スタッフにとって目標は、押しつけられたノルマでしかありません。それを絶対に達成しなくてはならない命題として認識させるには、「組織の目標＝自分の目標」と考えてもらう必要があります。

具体的な方法は次の通りです。

1．組織目標について、自分なりにかみ砕いて説明する

上部の組織から与えられた目標がある場合、その目標をリーダー自身がかみ砕いて分析します。与えられた目標は適当に設定されたわけではありません。

必要最低限、これくらいは稼がなければならないという損益分岐点があり、その上に、チームに対して期待される利益がオンされて、最終的な目標数値として設定されています。その大まかな数値をチームのメンバーに説明してください。

2．各スタッフから目標値を自己申告してもらう

組織目標を頭に入れてもらったら、そのうえで、自分たちがどんな目標をクリアするべきか、スタッフ各自に考えてもらいます。目標を自分自身で立てさせることで、達成への責任感が生まれ、自らモチベーションを上げさせる効果があります。

3．その目標値を集計する

各スタッフが立てた目標数値を集計します。おそらくその数値は、設定された組織目標の数値よりも少し上回る結果になるでしょう。日本人というのは謙虚で組織に対する忠誠

心がある国民性を持っています。私の経験からいって、集計した個人の目標数値が、組織目標の数値を下回ることはほとんどありません。

4．各スタッフの目標を下方修正する

組織目標よりも、個人目標の集計のほうが大きいという結果になった場合、各スタッフの目標を下方修正させます。

たとえば組織目標が契約数20件に設定されているのに対し、各自が立てた個人目標はAさんが10件、Bさんが8件、Cさんが5件で、合計が23件だったとします。

この場合、Aさんを9件、Bさんを7件、Cさんを4件というように、それぞれ下方修正させるのです。

目標が上方修正されると抵抗感を覚えますが、下方修正された場合には、「達成しなければ恥ずかしい」「みんなの足を引っ張るわけにはいかない」と、より強い責任感と緊張感が生じます。そこが狙いです。

自分で発表した目標には責任感が伴う

このようにして目標を共有することで、チームのメンバーの間で組織目標に対する認識が共有されます。そして、達成への責任感が全員のなかに醸成されるのです。

もちろん毎回同じことをやっていれば、スタッフもだいたい勝手がわかってきます。「契約数10件という目標を出しておけば、下方修正されて8件くらいになるかな」というふうに。

それはそれで一向に構いません。**大事なのは、自分の口から具体的な目標を言わせるということです。**

上から命令された目標と、自分で考えて自分の口で発表した目標では、自覚や責任感が大きく異なります。

数値目標に限ったことではありません。「お客様を待たせることをしません」「必ず笑顔で接客します」などと、状態目標も自分自身で考えて発表してもらうほうが、一方的に押しつけるよりも効果的です。

注意しなければならないのは、目標を達成できなかったとき。

決して、「自分で言ったことすらできないのか！」「自分で口に出したことぐらい守れ」などと、叱責の材料にはしないこと。

それをやったら最後、スタッフはリーダーに不信感を抱いてしまいます。ご注意ください。

高い目標でも「必ずできる」と思わせるしくみ

ペース配分を示す

組織目標のハードルが無理難題と思えるほどに高いものだったとしても、「必ず達成できる」とスタッフに信じ込ませるのがリーダーの仕事です。

しかし、単に口で励ますだけでは、信じ込ませることはできません。「これなら達成できそうだ」と思ってもらうには、ペース配分を示してあげることが大切です。

たとえば長距離を走ったことのない人が、いきなり「42・195キロメートルを走れ」と言われても、無理だと感じてしまうでしょう。

しかし、「5キロメートルまでを30分で、10キロメートルまでを60分で」とペース配分を示してもらえば、「もしかしたら走れるかも」と感じるのではないでしょうか。

これと同じように、**目標においても、達成までの道のりをどのような力の入れ加減で進めていくのか、ペース配分を示してあげましょう。**

目標を達成するためのペース配分には、3つのタイプがあります。**「均等型」「後半追い上げ型」「先行逃げ切り型」**です。

「均等型」のように一定のペースで進み、目標を達成できれば問題はないのですが、そううまくはいきません。途中で息切れしたり、調子の波があったりするからです。

実際には「後半追い上げ型」になっているケースが多いでしょう。最初は様子見で、中盤を過ぎるとだんだん焦り出して、後半に巻き返しを図り、何とか目標を達成する、というペースです。夏休みの宿題を8月末に急いで終わらせる小学生と同じですね。

どんなペースでも達成できれば問題がないともいえますが、私は「先行逃げ切り型」をおすすめします。

その理由は、精神的に楽ができるからです。

ペース配分を先行逃げ切りに変える

〈均等型・後半追い上げ型〉

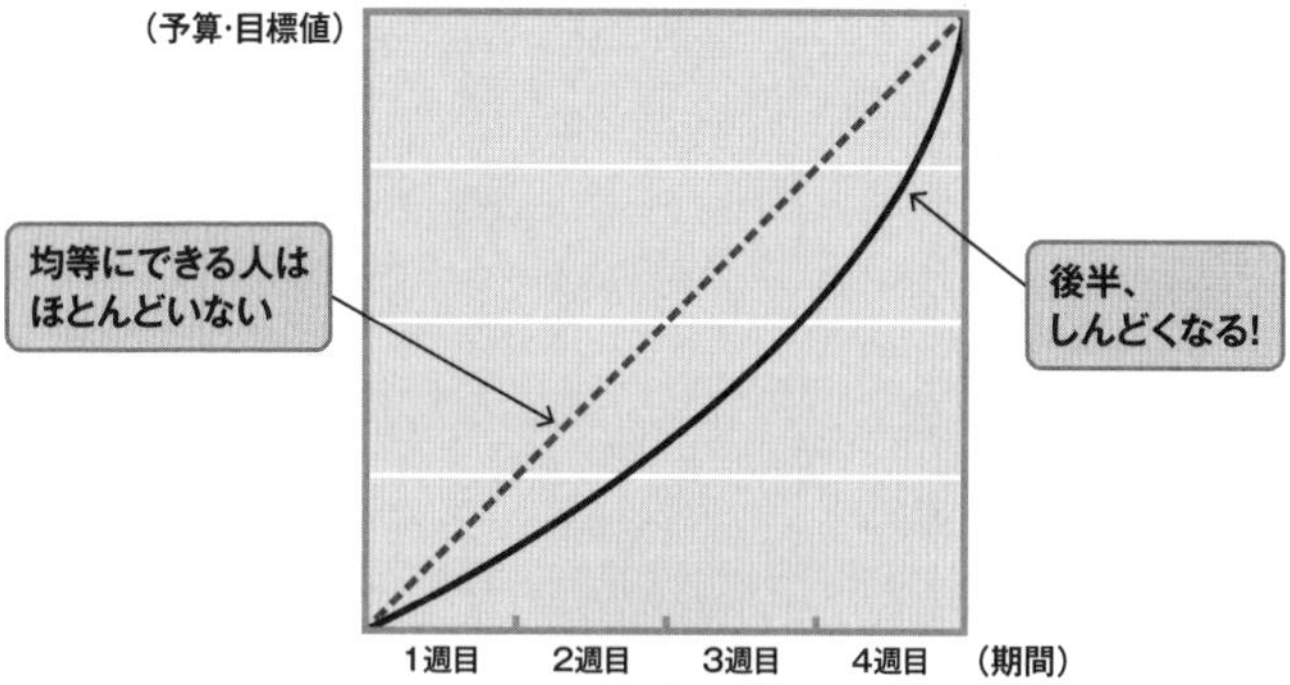

〈先行逃げ切り型〉

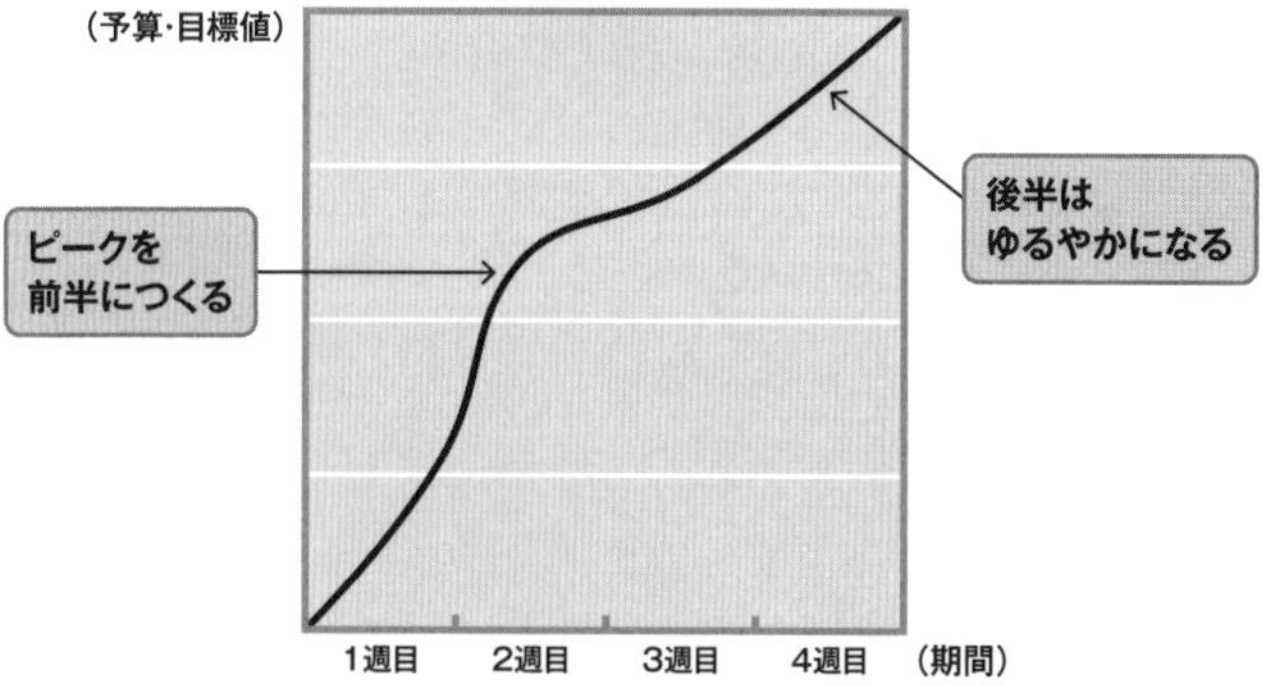

「先行逃げ切り型」も「後半追い上げ型」もやっていることは一緒。ピークを前半に持ってくれば、精神的に余裕が生まれます。

目標は週・月・年などの期間で区切って設定されますが、実際の仕事は連綿と続いていきます。たとえば月の後半に余裕が生まれれば、翌月へ向けての準備や種蒔きができるので、翌月は初日からロケットスタートを切ることができるのです。

じつは「先行逃げ切り型」も「後半追い上げ型」も、やっていることは同じで、どこにピークを持ってきているかの違いでしかありません。しかし、焦って目標期間が終わる後半追い上げ型に対して、余裕を持ったまま目標期間が終わる先行逃げ切り型では、気持ちの面ではまったく違ってきます。言葉で言うのは簡単ですが、とても大事なことです。

ピークを盛り上げるための「○書きグラフ」

先行逃げ切り型をするうえでのポイントは、前半のある時点に大きなピークを持ってくることです。

たとえば1か月の期間のうち2週目を、特に目標達成に力を入れるキャンペーンの週として、スタッフに発破を掛けるのです。

私がよく使っていた方法が、「○書きグラフ」です。

これは、その週のノルマを個人別にグラフ化したもので、「達成したら○に色を塗っていく」という単純なグラフです。

このグラフでは、誰かの○に色が塗られていくに従って、塗られていない人の○が目立つようになります。

つまり達成率が誰の目から見てもすぐにわかるのです。このように「見える化」すれば、リーダーの叱咤激励の言葉は不要です。達成していない人は、何も言われなくても必死になって行動するはずです。

売った商品ごとに色を変えたりすれば、見た目も華やかなグラフになります。

このようなグラフを貼り出す効果は、「今週が目標達成のための肝となる週だ」「今週だけは絶対に落とせない」と、ピークであることを認識してもらえること。毎週やっていたらマンネリ化しますが、月に1回か2回実施するなら、気を引き締めるのに役立ちます。ぜひお試しください。

「○書きグラフ」でピークを前半にする

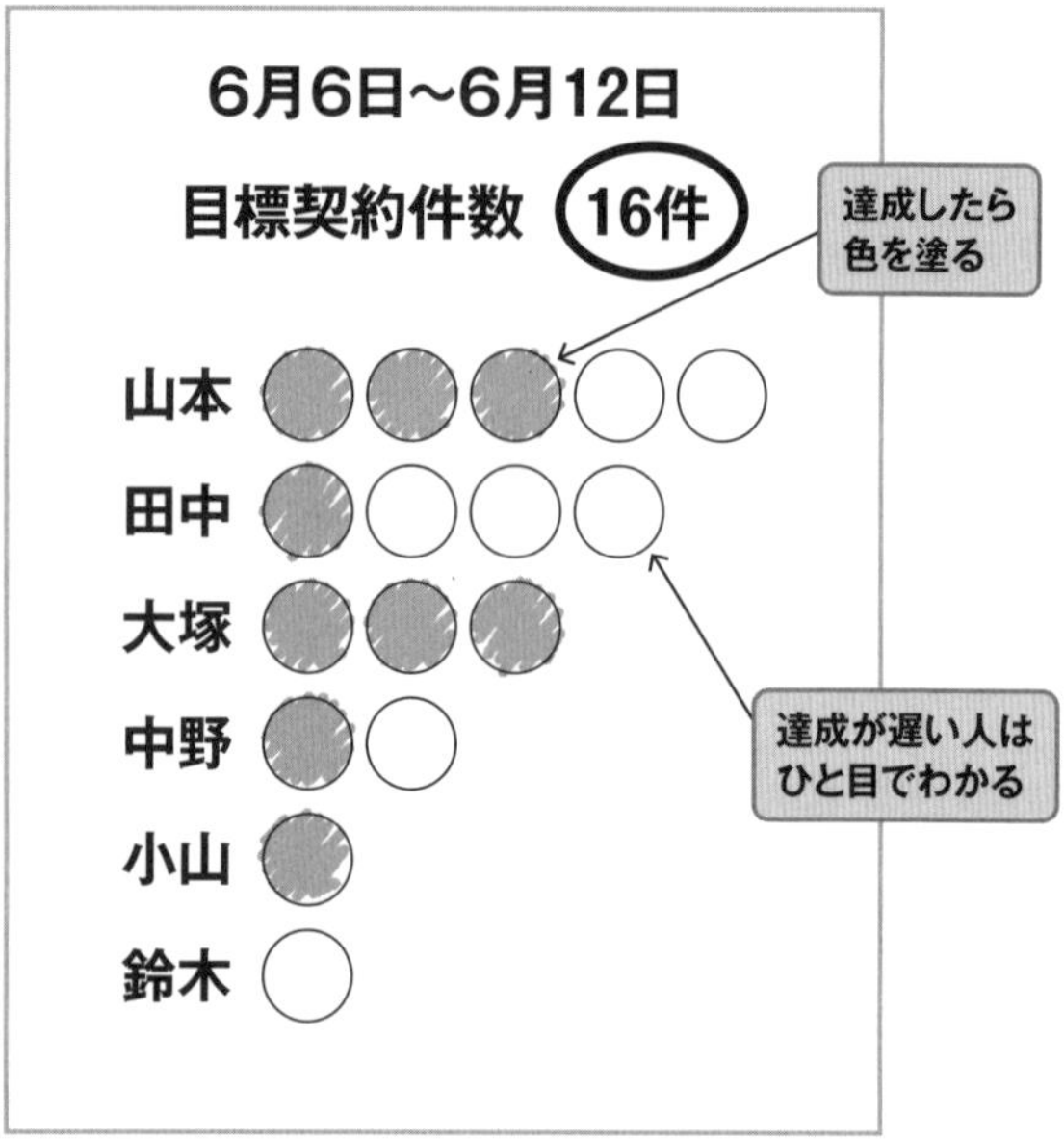

月に1〜2回、「見える化」しておけば、リーダーが言葉で指摘する必要はありません。言われないから、必死に動くのです。

「目標達成のために、何をしたのか」を見る

成果より大事なポイント

部下が目標を達成したときに、リーダーはどこに注目するべきでしょうか。

多くのリーダーは成果にしか注目していません。確かにリーダーの任務は成果をあげることであり、部下にもそれを求める気持ちはわかります。特に営業部門では数字が全てといっていいほど、成果は大きな意味を持ちます。

それが一概に間違っているとはいえませんが、部下を指導する際には、**成果だけでなくプロセスにも注目する**ことが大切です。

成果だけを突き詰めていくと、チームのメンバーはどうしても個人主義に走ってしまい、

メンバー同士の協力やコミュニケーションが失われてしまうからです。

また、数字は残せなかったとしても懸命に取り組んできたスタッフがいたときに、成果しか見ていなければどうなるでしょうか。本人は、自分の仕事がまったく評価されていないと感じて、モチベーションを低下させてしまうでしょう。


したがってリーダーが部下を評価するときには、成果だけでなく、「なぜ達成できたか」「どうやって達成したのか」というプロセスにも目を向ける必要があります。

そしてプロセスに問題があれば見逃さず、改善するように指導します。

これは数字を追い求める営業などの仕事に限らず、管理部門の仕事でも同じ。「なぜか仕事が遅い」「ミスが多い」など問題があるときには、プロセスにちょっとしたトラブルが潜んでいることが多いのです。

帳票のまとめ方、ソフトの使い方など、意外なところでつまずいて、それで成果を出せずにいるケースは多くあります。そんな部下がいるときには、仕事の進め方をよく観察し、問題を探ります。問題点を少し改善してあげるだけで、効率が大幅に上がったということもよくあるのです。

成果につながっているプロセスの特徴

きちんと成果を出している人に対しても、「良かったね」で終わらせるのではなく、どこに成功の秘密が隠されているのかプロセスを確認することが大事。優れたプロセスならチーム内で共有することも大切です。

成果につながっているプロセスは、だいたい次のような特徴を持っています。

・基本に忠実に活動している。
・何か新しいことに取り組んでいる。

特に「何か新しいことに取り組んでいる」かどうかを、よく観察して見つけるようにしてください。

私が自動車ディーラーの店長だったとき、あるスタッフが急に見込み客を次々と獲得したことがあり、その背景には面白い取り組みがありました。

ディーラーでは、来店されたお客様に車を試乗してもらうことが一つの重要な仕事です。

試乗してもらえれば成約に至る確率が大幅に高まるからです。

ただし試乗してもらうには、まず来店してもらう必要があります。電話営業やDMやらで来店客を集めて試乗してもらうというのが、それまでのスタイルでした。これでは試乗客を獲得するにも限界があります。

そこでそのスタッフは発想を転換させ、試乗車をお客様先まで持っていって試乗してもらう「出前試乗」を始めたのです。待ちの姿勢から攻めの姿勢に転換することで、見込み客の獲得増につながりました。

この出来事も、成果しか見ていなければ気づかなかったかもしれません。しかし、その**プロセスに着目したからこそ、成果の理由を知ることができました。**

そしてこのプロセスは誰にでも取り組めて、すぐに成果のあがるものだったので、ただちに店舗全体で取り組むことにしました。

試乗車はたくさんあるわけではないので、バッティングしないように貸し出し状況を管理できる仕組みをつくったことは言うまでもありません。みんなで共有できるシステムづくりはリーダーの仕事です。

目標達成のために、個々に役割を与える

給料泥棒を1人も出さない

組織といってもその規模にはいろいろありますが、20〜30人を超える組織になると必ず出てくるのが「給料泥棒」と呼ばれるような存在です。

成果をあげるような活躍もせずに、ただ毎日出社して仕事をするだけ。本人は、組織にぶら下がってでも生き残れればいいと思っているのでしょうか。時には周囲の一生懸命やっている人の足を引っ張ることもあります。思わず「辞めてくれ」と叫びたくなってしまいますよね。

小さな組織の場合、一人ひとりがさまざまな役割をこなさなければならず、またチーム

メンバーがお互いの仕事の状況を把握できる環境でもあるので、給料泥棒になるような人が現れることはありません。

しかし組織の規模が一定以上になると、必ず給料泥棒が出てきます。

働きアリグループにも必ず一定の割合で「働かないアリ」がいるそうですが、それと同じです。そして大きな組織になればなるほど、その数は増える傾向にあります。

必ずいるものだからといって何も対策を打たなければ、チームのためにも本人のためにもなりません。そういう人を放っておけば、企業の競争力を低下させる要因にもなりかねません。

何度も言うように、チームとしての目標を達成するためには、**メンバー全員に表舞台に立って力を発揮してもらう**必要があります。

給料泥棒を一人前の戦力にすることが、リーダーの仕事の一つでもあります。

役割を与えて、本人に任せる

では具体的にどうすればいいでしょうか。

最も簡単な方法は、**役割を与える**ことです。

たとえばイベント係、お茶係、掃除係など、ごく簡単なことでいいので、その人だけの役割を与えます。

そして係を任命したら、その内容はなるべく本人に任せて、自分なりに考えてやってもらうようにします。

そうすることで給料泥棒だった人は、仕事に対する責任感が芽生えると同時に、「自分の仕事が見られている」「他の人の陰に隠れることはできない」と緊張感を持つようになります。

そして与えた仕事に対してリーダーは、「今日もきれいに掃除ができているね」「今回のイベントの企画は面白かったよ」ときちんと褒めてあげます。

褒めてあげれば、本人にとって自信になり、仕事への喜びも感じられるようになり、もっと活躍したいと思えるようになります。

役割はずっと同じだとマンネリ化してしまいますので、時々変えて刺激を与えたほうがいいですね。

注意したいのは、「自分が面倒くさいから」という理由で係をつくらないこと。

たとえば、「部下から上がってきた数字の集計係」などをつくってしまうのはダメ。「リーダーは楽をしたいから自分にやらせるのか」と見透かされてしまいます。

それから難しすぎる係も負担になるのでやめたほうがいいでしょう。誰にでもできるような簡単な作業でも、本人のやる気を引き出すには十分な効果があります。

一度落ちたらどんどん落ちていくという危機感を持つ

目標が未達になりそうなときに初めてわかるチーム力

目標を連続で達成し続けるためには、チームのなかに危機感がなければいけません。

私が48か月連続で達成を続けていたときもそうでした。

連続達成が途切れそうになるピンチは何度かありましたが、最大のピンチは40か月目くらいに訪れました。その月の目標は店舗で70台ほどだったのですが、月末の最終日になって、目標にあと6台足りないという状況になったのです。

しかも、単に注文をとるだけでは販売したことになりません。メーカーから仕入れ済みの在庫車を販売して、その日のうちに車庫証明を申請しなければ、その月の売上には計上できないのです。

仕入れ済みの在庫は限られていますから、色や仕様などがお客様の好みと合わなければ、メーカーに改めて注文を出す必要があり、時間がかかってしまいます。その月の売上に計上するためには、なんとしても在庫にあるうちの6台を今日1日で売る必要があったのです。

さらに厳しいことに、朝の時点で営業スタッフが抱えている見込み客は売り尽くした結果ゼロという状況でした。これでいよいよ連続達成も終わったと思いました。

スタッフを集めた朝礼では「無理だろう」などとは口に出しませんでしたが、厳しい状況であることは話しました。

すると、朝礼が終わったとたん、スタッフたちが蜘蛛の子を散らすように一斉に店を飛び出していくのです。そして普段だったらお昼頃に一度帰ってくることが多いのに、その日に限っては誰も帰ってきません。

どうしたのかとやきもきしていると、昼過ぎに一人の営業から「1台、注文いただきました」と連絡がありました。

さらに他の営業からも、次々と注文獲得の電話が入ってきました。こうしてその日のうちに6台の注文がとれて、車庫証明の申請もでき、連続達成が途切れることなく実現できたのです。

奇跡は偶然生まれるものではない

あのときは本当に驚きました。私はその日のうちに、注文をくれたお客様にお礼の電話をしました。すると皆が口を揃えたように「連続達成できましたか?」と聞いてきました。スタッフたちが事情を説明して、頭を下げて協力してもらっていたようです。

あのときのスタッフたちの頑張りを思うと、今でも涙が出ます。

と同時に思い返してわかるのは、**店長である私と店舗スタッフの間で危機感の共有ができていたからこそ、あのような献身的な協力が得られた**ということです。

連続達成はすればするほど、チームの一体感が強まっていくのですが、達成のハードルがどんどん上がっていくつらさもあります。連続記録がある程度まで伸びると、「ここで達成できなかったら、もう二度と同じような記録はつくれない」「一度落としたら、緊張の糸がぷつんと切れて、どんどん落ちてしまうかもしれない」と恐怖を感じます。

そんな危機感を、私の口からスタッフに伝えるようにしていましたし、彼ら自身も自然と感じ取っていたことでしょう。

全員で危機感を共有できたからこそ、48か月連続達成という大きな記録をつくることができたのです。

最終目的は、目標達成が当たり前レベル

達成して当然と考えられるかどうか

会社には、理念やビジョン、目標など、従業員が向かうべき方向を示した指針がいくつもありますが、なかでも**目標は必ず達成するべきものだと思っています。**

そして、組織目標を達成させるという役割を担っているのがリーダーです。**目標を達成してこそ、リーダーの存在価値があります。**

チームのメンバーに対しても同じです。「目標は達成して当たり前」という意識を持ってもらう必要があります。

いつも目標達成をしていないチームが、まれに目標達成をすると、自分たちは何か特別

なことを達成したかのように感じてしまいます。それは「達成して当たり前」という感覚がないからです。

つまり、「達成して当たり前」ではなく、「達成しないのが当たり前」が習慣になってしまっているということ。「達成できたらラッキー」くらいの気持ちでいる人もいます。そういう習慣・意識が身についてしまっているチームに、長期にわたる連続達成などできるはずがありません。

「達成して当たり前」という意識をチーム全員に浸透させる必要があるのです。

よく「今週の目標を達成できた」くらいの小さな成果で、いちいち飲み会を開いてお祝いをしたりするリーダーもいますが、それは逆効果になります。

目標達成を特別なことのように感じさせてしまうからです。

そして何度も飲み会を開いているうちに、スタッフに飽きられてしまい、達成感や満足感が低くなります。

個人個人の目標を達成してくれたスタッフに対して、感謝の言葉をかけたり活動プロセスを褒めたりすることは大切です。大切ではありますが、ことさら大げさに達成をお祝いする必要はありません。

普段のちょっとした達成には、「ありがとう」と言葉で伝えるくらいで十分でしょう。その代わりに、大きな節目のときには盛大に祝って満足感を共有してください。

そのようにメリハリを付けたほうが、次の目標達成へのモチベーションづくりには効果的です。

有利な勝ちパターンをつかむ

リーダーは、81ページで解説した「連続達成のサイクル」を常に回せるようにしましょう。そうすればチームのなかで目標達成が当たり前レベルになります。

そして達成すればするほど、個々のスタッフの実力も付き、有利な勝ちパターンがつかめるようになり、難しい状況にも迅速・的確に対処できるようになります。

最初は寄せ集めの貧弱な集団であっても、目標達成を続けていけばいくほど、強いチームになっていけるのです。

第3章

チーム全員を主役にするリーダーシップ

1位をとるビジョンしか見せない

自分の言葉でしっかりと語る

リーダーシップの定義にはいろいろありますが、私が思う**リーダーシップとは、「部下の力を引き出すこと」**です。

「○○長」「○○マネジャー」などと役職がついていても、部下の力を引き出すことができないなら、それはリーダーとは呼べません。

その人が真のリーダーか、そうでないかを決めるのは、トップや上司ではなく部下です。**部下から「この人はリーダーだ」と認められた人こそが、真のリーダー**といえます。

さて、部下を持ったリーダーが最初にしなければならないことは何でしょうか。

それは、**「チームのビジョン」を見せること**です。

自分はこのチームをどう変えていきたいのか。どこを伸ばしていきたいのか。何を目指していくのか。……といったチームのビジョンをはっきりと提示してあげることが大切です。

チームの将来像を熱く語るリーダーが昔はよくいましたが、最近ではめっきり少なくなっています。「下手にしゃべって後から責任を追及されたらたまらない」「黙っていたほうが無難」という「事なかれ主義」が蔓延しているのでしょうか。

チームの方針はペーパーやメールに書いて、部下に「読んでおいて」で終わらせる人も増えています。

チームに新しいリーダーがきたとき、メンバーは「これからどうなるんだろう」と不安に思っています。それなのにペーパーやメールで伝えるだけでは、余計に不安にさせてしまいます。

何を考えているかよくわからない人に、部下はついていきません。

リーダーになった以上、自分の考えるチームのビジョンや、このチームをどう導いていきたいかを、自分の言葉でしっかりと語ることが大切です。リーダーが熱いものを持っていなければ、部下が仕事に対して熱くなってくれることはないのです。

2位を目指していたら、一生1位になれない

ビジョンを示すときには、必ず「1位」を目指す未来を見せるようにします。

かつて「2位じゃダメなんですか?」と言った政治家がいましたが、ダメなんです。スポーツでも「10位以内を目指したい」「まずは表彰台を目指したい」などと言う人がいますが、志が低いのではないかと疑ってしまいます。

もちろん、「今現在力が備わっていないから徐々に力を付けて順位を上げていきたい」という考え方は間違っていません。しかし、山の頂上を目指しながら登るのと、中腹を目指しながら登るのでは、踏み出し方がまったく違ってきます。

1位を目指して懸命に取り組み、それでも2位になったなら仕方がありません。でも最初から2位を目指して取り組んでいたら、一生かかっても絶対に1位にはなれないのです。

私がトヨタで連続目標達成を記録した店舗は、7つのディーラーが集まるモール街の1店舗として新規オープンした店でした。周りがライバルだらけの厳しい立地で、配属されたメンバーはクセのある人たちばかり。平たくいえば「寄せ集めの集団」でした。

おそらく本人たちは、「こんな店で大丈夫だろうか」と心配になっていたと思います。

しかし私は店舗のスタートに当たってはっきりと、「全国の店舗でトップを目指す」と宣言しました。**リーダーである私が迷うことなく、最初からはっきりと言い切ることで、メンバーたちにも本気になってもらうことができた**のです。

「いずれ1位に」ではありません。「今期（今月）から1位を目指す」。そんな強烈なビジョンをリーダーは掲げてください。最初にバシッと言うことが肝心です。

明確に順位が付かない業務に携わっているチームではどうすればいいでしょうか。

たとえば、「同業他社のなかで企画力ナンバー1の宣伝部」「地域で顧客満足度ナンバー1の店」などをイメージして、それを達成するためにありたい姿とは具体的にどんな状態か、「状態目標」を掲げてみるのもいいでしょう。

その具体的なイメージをチームで共有することで、ありたい姿に向かって日々の活動を進めていくことができます。

具体的な手法を見せる

してみせて、言って聞かせて、させてみる

「絶対に1位になる！」というビジョンを語るだけでも昔のリーダーは問題ありませんでした。部下たちが黙ってついてきてくれたからです。

でも今の時代のリーダーはそれだけではダメ。

「じゃあどうやるか」を具体的に示す必要があります。具体的に説明することで、メンバーに「本当に1位になれるかも」「目標を達成できそう」と納得してもらうことができ、行動に移してもらうことができます。

米沢藩の第9代藩主・上杉鷹山がこんな言葉を残しています。

「してみせて、言って聞かせて、させてみる」

上杉鷹山は、財政が悪化した米沢藩を前藩主から引き継いで、大倹約や産業振興などの政策を行い藩政改革に努めた江戸時代屈指のリーダーです。

彼は多くの名言を残していますが、なかでもリーダーとしての基本姿勢を示しているのがこの言葉です。

「してみせる」というのは率先垂範です。つまり、**部下に指示命令する前にまずリーダー自らが手本を見せたり、先頭に立って模範を示したりする**ことです。

そして、「言って聞かせる」。**目標達成に向かってやるべきこと、業務を進める際の注意点やコツなどを、部下が納得できるまで説明してあげる**ことが大事。

そのうえで、「させてみる」。**見せた手本を真似して実践してもらう**ということです。

リーダーがまずは「してみせる」

この一文のなかでも大切なのは、「してみせて」のところでしょう。

「オレの言う通りにやれ」とか「背中を見て学べ」というやり方はもう古い。仕事を覚えてもらいたいなら、しっかり説明すると同時に、手本を見せることが大切です。

効率的な作業のやり方、道具の使い方、顧客とのコミュニケーションのとり方など、口であれこれと説明するよりは見てもらったほうが早いという業務はたくさんあります。リーダーは商談に同行させたり、実際の作業を見せたりして、部下に学んでもらうようにしましょう。

もちろん、ただ何も言わずに見せるだけでは理解度を高めることはできません。やってみせる業務を細かく分類して、どういう点に注意するべきか、コツやポイントを提示しながら教えたほうが、学習効果が高まります。

またリーダーは、これまで経験を積んで覚えてきた仕事のやり方を全てオープンにしてください。

企画書や顧客ノート、業務に関連するデータなど、蓄積してきたものを全て開示することが、スタッフにとっては何物にも替えがたい貴重な学習機会となります。

仕事のやり方をオープンにするということは、リーダーの実績をスタッフに示すということにもなります。実績がある人に何か言われるのと、そうでない人に言われるのでは、説得力が違ってきます。

「自分はこうやってきて、こんな成果が出た」と説明されれば、説得力が出ます。

その際、注意したいのは単なる自慢にならないようにすること。手本を見せながら仕事のやり方を教えて、その結果どうなるかを自分のケースで示してあげれば、自慢ではなく効果のある手法として受け取ってもらえます。

同じ方向を向くことを第一とする

大きな岩を動かすにはどうすればいいか

数人で車に乗って山道を走っていたら、目の前に大きな岩があったとします。どかさなければ通れないので、車に乗っていたメンバーで岩を押すことにしました。

「いっせいの」とかけ声をかけて岩を押したとき、それぞれが違う方向に向かって押していたらどうなるでしょうか。

当たり前ですが、いくら押しても岩は動きませんよね。どれだけ力を入れても、疲れてしまうだけです。

でもみんなで一つの方向に向けて押せば、岩を動かすことはできるでしょう。

このとき、**メンバーの力を一つの方向に向かせるのがリーダーの役割**です。

リーダーがそれぞれの力をフルに発揮させることができれば、困難な課題であっても克服することは可能になります。

と、言葉で言うのは簡単ですが、実際にやるのは難しいもの。

大きな声を出して「目標に向かってみんなで頑張ろう!」と旗を振ったところで、部下は同じ方向を向いてくれるとは限らないからです。

それどころか、同じ方向を向かせよう、意識を統一させようとすればするほど反発されてしまうこともあります。

同じ方向を向くために、一人ひとりを尊重する

チームのメンバーに同じ方向を向いてもらうために大切なのは、かけ声をかけて強引に引っ張っていくことではありません。

メンバー一人ひとりの個性を尊重することです。

たとえば私のように、クセの強い、寄せ集めのメンバーでつくられたチームのリーダーになったときこそ、それが大切です。

自信過剰なリーダーであればあるほど、「こんなふうに仕事を進めろ」「お客様にはこう言え」と、あれこれと口を出したくなってしまいます。

しかしまったく同じような業務のやり方をしたからといって、誰もが同じように成果を出せるとは限りません。それぞれの個性に合ったやり方というものがあるからです。

また、優秀ではない人でもプライドはもっているので、やり方を押しつけられればいい気がしません。無理やり押さえ込もうとしても反発を招くだけです。

したがって、方向性の統一を図るときは、その一方でメンバーの個性を尊重してあげるように気をつけることが大事です。

業務のなかで裁量を与えられる部分には与えて、そのなかで自主的に動いてもらうようにしましょう。

スタッフが自分の考えで行動できるようにすれば、自由な発想やアイデアを生み出すことにもつながり、楽しく仕事をできることになります。

個性を尊重してやらせてみた結果、間違ったことをしていたり、まったく成果があがらなかったりということは考えられます。

そうなったら初めてリーダーがアドバイスをしてあげればいいのです。

特に新しくつくられたチームであればあるほど、最初から自分の考え方・やり方を押しつけないように注意する必要があります。

チームのビジョンや方向性については、リーダーに就任した最初の段階で、あるいは期のスタート時など区切りのタイミングで、しっかりと伝えることが大切。

各自の仕事のやり方を修正するようなことは、メンバーと人間関係をつくってからでも遅くはないのです。

全員が主役を担うチームにする

謙虚ではいけない

「自分が主役でありたい」というのは誰もが思っていることではないでしょうか。

なかには「自分は脇役でいい」「目立ちたくない」という謙虚な性格の人もいるかもしれませんが、そういう人だって自分に任された仕事においては、主役として仕事をしているはずです。

もし本当に、「オレなんていてもいなくてもいい、しょせん脇役なんだ」と考えている人をつくってしまったら、それはチームリーダーとして大問題です。

そんな人を放っておけば、目標達成が難しくなるばかりか、やる気ある人たちの足まで引っ張られてしまうことになります。

チームとして目標達成を成し遂げるには、**一人ひとりに主役として力を発揮してもらう**

ことが絶対に必要です。

謙虚な姿勢もいいのですが、チームのメンバーには、「このプロジェクトはオレがいないと成り立たないんだ」くらいの気概を持ってもらいたいところです。

「あなたが主役だ」と認めてあげること

チームの全員に「自分が主役だ」と感じてもらうために、リーダーがするべきことにはいくつかあります。

一つは、すでに説明した通り、**役割を与えること**です。スタッフの職責や経験、スキルに応じて、それに合った役割を与えて、責任を持って実行させる。それだけでも本人に、「自分はこのチームに貢献している」「自分は必要とされているんだ」と自覚してもらうことができます。

もう一つ、私が実際にやっていたことですが、**1か月ごとに何らかの成績に応じてランクを付けて発表する**ことです。

私の場合は営業でしたから、営業成績に応じて相撲の番付を真似たランキングを毎月発表していました。

上から横綱、大関、関脇、前頭、十両、幕下、ふんどし担ぎまで。成果によってランク付けしていました。

私が連続達成を成し遂げたときのチームは、若手社員でも急速に力を付けていましたから、単月の成績ではベテランをしのぐこともよくありました。だから、新入社員が横綱になることもありました。

普段は若手扱いされている人でも、横綱になれば「今月の主役は自分だ」と自尊心を持つことができますよね。

組織のなかでの位置づけを把握してもらい、自信をもってもらうのに、ランク付けは効果があるのです。

成績次第なので、ベテランがふんどし担ぎになってしまうこともありました。ベテランにとってふんどし担ぎになるなんて絶対に避けたいことですから、必死になって営業活動をするようになります。なかには、「オレは絶対に大関以下にはならない」と宣言しているベテラン社員までいました。

ランク付けはベテラン社員のプライドをくすぐる効果もあるわけです。

さらに、**大切なのは言葉にすること。**

「君がこのチームの中心人物なんだ」

「君がいなければこのプロジェクトは成り立たない」

リーダーの期待を言葉にして投げかけてあげるだけで、スタッフにとって自信につながります。

特に注意して言葉をかけてほしいのは、新人、2〜3年目などの低年次のスタッフと、成績の悪い高年次のスタッフです。

高年次のスタッフでも成績の悪い人は自信を失いかけているので、自信を取り戻してチームに貢献してもらわなければならないからです。

1人の主役だけが大活躍するチームでは、何回か目標達成ができたとしても、連続はしません。連続達成を成し遂げるには、チーム全員が主役となって活躍してもらう必要があります。

褒め上手が人を育てる

叱るよりも褒める

リーダーの人材育成方法には2つのタイプがあります。

褒めて伸ばすタイプと、叱り倒して（または欠点を指摘して）厳しく育てるタイプです。

皆さんの周りのリーダーを思い浮かべてみてください。圧倒的に後者が多いのではないでしょうか。私自身、過去にいろいろなリーダーの下で仕事をしてきましたが、褒めて伸ばすタイプは1割くらいしかいなかった気がします。なぜか褒めたくても褒め方を知らなかったり、シャイな性格で褒められなかったりする人が多いのです。

もちろん、どちらをおすすめするかといえば、前者の褒めて伸ばす方法です。

誰だって叱られれば嫌な気持ちになりますよね。そこで「なにくそ！」と発憤してくれればいいのですが、やる気を失ってしまう人もいます。

一方、褒められれば誰でも嬉しい気持ちになり、上司に理解されていると実感できるので、モチベーションが上がります。また、褒められることを通じて、「こういう行動をするといい結果につながるんだな」と気づきを得られます。

叱るよりも褒めるほうが効果が表れやすいのです。**人材は褒めて育てるのが基本**と考えてください。

褒め方にはコツがある

では褒める際にどのような点に注意するか、私のやり方を紹介します。

1．褒めるタイミングを見極める

多くのリーダーは褒める回数が少なすぎるので、積極的に褒めていったほうがいいことは確かです。

でも、いつでもどんなことでも褒めまくっていたら、褒められたときのありがたみが薄れてしまいますから、ある程度はタイミングを見極める必要があります。

たとえば、良い実績をあげたとき、何かを成功させたとき。これは間違いなく褒めるタイミングです。最上級のリアクションで大げさに褒めてあげましょう。

それ以外では、スランプに陥っているときや、うまくいかずに落ち込んでいるときに、励ますと同時に褒めましょう。「確かに今回は失敗したけど、すごい行動力だったよ」と言われれば、落ち込んだ気分も少し上向くはずです。

大事な商談やプレゼンの前で緊張しているときなども、「君の提案内容はとてもいいんだから、絶対大丈夫！」と緊張をほぐしてあげましょう。

2. 相手の心に響く褒め方を考える

当たり前のことを当たり前に褒められたのでは、本人もあまり嬉しくありません。美人に対して、「いつもきれいだね」と言っても、何とも思われないばかりか、セクハラ問題に発展しかねません。

そんなことよりも「いつも仕事が速くて助かるよ」「電話応対の声が優しいね」「最近、頑張ってるね。期待しているよ」など、日常の何気ない場面で、さりげなく相手の長所を褒めるようにします。

3．褒め言葉は短く、簡単明瞭に

ダラダラと長ったらしく褒めるのは逆効果。「こんなにべた褒めするなんてちょっとおかしい。おだてといて、嫌な仕事でも押しつけるんじゃないか……」と勘ぐられてしまいます。ひと言でサッと褒めるべきです。

4．プロセスを褒める

会社にとって大事なのはあくまでも実績。しかし、プロセスなくして実績はありません。部下を褒めるときは、プロセスを褒めてあげるようにしましょう。

接客応対がバツグンのスタッフに、「君の笑顔をお客様が喜んでいたよ」

お礼状や案内状の書き方については、「Aさんへの誘致のご案内状は、じつによく書けていたね」

効率よく仕事したスタッフへ、「今月の君は時間を味方につけたね」

より多く電話したスタッフへ、「今月の君はよく電話していたね」

常に整理整頓しているスタッフへ、「君の机の上はいつもきれいで気持ちいいね」

自分でもいろいろとバリエーションを考えて褒めてみてください。

常に一番下のレベルに合わせる

ありえないミスを想定する

チームのなかにはいろいろなレベルの人がいると思います。レベルというのは、入社年次だけでなく、能力、実績、経験などいろいろな意味でのレベルです。

リーダーになるような人は基本的に経験・実績が豊富で、能力が高く、年次もそこそこ高い人が多いでしょう。つまり仕事ができる人です。

仕事ができる人は、部下が犯したミスについて理解ができません。そして「なんでそんなことになるの？」「こんな当たり前のこともできないのか！」などと叱責してしまう。

それでは部下との信頼関係も壊れてしまいます。

リーダーからすれば当たり前のことでも、ミスをした本人からすれば、当たり前ではないと考えなくてはいけません。

たとえば部下が、お客様へ納品する製品の色を間違えたとします。

事情を聞けば、お客様にカタログを見せて「５０１の青ですね」と確認しただけで、実際の見本を見せて確認したわけではない。お客様が本当に欲しかった色は「５０３の青」だった。

ある程度の経験を積んだベテラン社員からすれば、これはあり得ないミスでしょう。でも経験のない人にとっては、当然起こりうるミスなのです。

カタログだけではなく見本を見せて確認をとること、発注書の色番号とカタログの色番号に相違がないかきちんとチェックすることなどを、一から教えてあげなかったリーダーにこそ問題があったといえるでしょう。

リーダーは常に、チームのなかで一番下のレベルの人に合わせて、仕事の指示やコミュニケーションを行うことが大切です。

目線を合わせたらコミュニケーションもうまくいく

私が営業部長だったときに、部下に非常に優秀な若手の店長がいました。

でも彼の店ではチーム内のコミュニケーションがうまくいかず、成績もよくありませんでした。

原因は彼が部下のすることを自分の目線で見てしまったことです。

評価する基準が自分なので、部下がやることなすこと全て、自分より劣っていると感じてしまい、否定の言葉を投げかけてしまいます。

部下にしてみれば、実績を残している人が正論を言っているので、反論の余地はありません。しかし、いくら正論でもいちいち小言を言われればストレスが溜まってしまいます。

そういったことが積もり積もって、チームの関係悪化につながっていました。

私はその店長に、「プライドを捨てないとダメ。自分と部下が同じと思ってはいけないよ」とアドバイスをしました。

それから店長は、私のアドバイスを聞いてくれて、ガラッと変わりました。

ショールームの飾り付けなど、面倒で誰もやりたがらない仕事、年次の低いスタッフがやる仕事を、自ら率先してやるようになったのです。

そんな店長の姿を見て、スタッフたちは手伝ってくれるようになりました。店長が部下と一緒に作業することで、自然と会話も生まれました。

彼はそれ以来スタッフとのコミュニケーションのコツをつかめるようになり、結果としてお店の雰囲気もとてもよくなりました。

部下の目線まで下りたことが、彼が変わったきっかけだと思います。

自分は階段の上にいて、下にいるスタッフを見下ろして「ここまで上がってこい」と指示するのがリーダーではありません。

それで実際に上がってこられるのは優秀な人だけ。優秀ではない人は、そんな指示だけでは上がってこられません。

リーダー自らが下の段まで下りていくしかないのです。そして部下と一緒になって、一段目から上がっていく。そうすることでスタッフを引っ張り上げることができます。

リーダーが自分たちの目線に下がってきてくれれば、スタッフは親しみを覚え、リーダーとしての求心力が生まれます。

また下のレベルの人が仕事の基本を身につけてくれるようになるので、全体の底上げにもつながります。

クレーム対応でわかるリーダーシップ

クレームは小さいうちに摘む

お客様からのクレームには大喜びで対応するのが、リーダーとしての私のやり方です。誰だってクレームに対応するのは好きではありませんよね。自分がミスしたわけでもないのに、お客様に怒鳴られることだってありますから。

だから多くのリーダーは、まずは担当者レベルで解決させようとします。担当者でダメだったら、次に主任。主任でダメだったら、やっと自分が出て行こうというわけです。

でも実際にそこまで上がってくる頃には問題は大きくなっていて、お客様の怒りは相当なものになっているはずです。もしかしたら、リーダーレベルでは収まらず、「社長を出せ」と言われてしまう可能性も……。

このように段階を踏んでクレームを処理しようと思っても、うまくいかない可能性があるわけです。

また、クレーム処理をしている最中は、他の業務が止まってしまいます。担当者の業務が滞り、主任の業務が滞り……というのは本当に時間の無駄です。

そんな無駄なことをやっているヒマがあったら、リーダーがサッと出て行って解決するべきです。リーダーが出て行って正しく対処すれば、クレームの芽は小さいうちに摘めるはずです。

カンカンに怒っていたお客様も、リーダーのひと言で納得

実際にこんなことがありました。

あるスタッフが車を納入した後、お客様がカンカンに怒って電話をかけてきました。注文は8人乗りだったのに、7人乗り仕様にしてしまったのです。

お客様は、「今すぐ8人乗りを持ってこい！」とすごい剣幕です。

しかし、仕様を簡単に変えることはできませんし、すでに7人乗りで車検証を登録してしまっています。これから8人乗りの車を納入するには、新たな車を発注する必要があり、納期は1～2か月後になります。

担当者はすぐに私に相談しに来てくれたので、私は彼と一緒にお客様のところに駆けつけました。そして頭を下げるとともに、お客様に尋ねました。

「どうして8人乗りじゃないとダメなんでしょうか？」

聞けば、新たに子供が生まれて家族が増えたため、ベンチシートになっている8人乗りのほうが使いやすいだろう、と考えたとのこと。そこで私は、

「小さい子がいる間は荷物が多いです。後ろの席に置いた荷物を取りにいくには、真ん中に通路がある7人乗りのほうが何かと便利ですよ。それにベンチシートではない普通のシートのほうがチャイルドシートを取り付けやすいですし、安全です」

と説明しました。すると、奥さんが「それもそうね」と納得してくれて、旦那さんも「店長が来てくれたんだから今回はいいよ」と言ってくれました。

もし最初に担当者がクレーム対応に当たっていたら、これほど簡単に丸く収めるのは難

しかったかもしれません。

リーダーが率先してクレーム対応することには、問題をスピーディーに解決できる以外の効果もあります。

お客様の生の声を聞けることです。

部下にクレーム対応を任せて、問題が解決できたとしても、リーダーがその経緯を知ることができるものは報告書だけ。文字を読むだけでは、お客様の生の声は聞くことができません。

報告書に書かれていることは担当者の主観が入っていますから、お客様の生の声とはニュアンスが違うこともあるのです。

担当者が捉え方を間違って、自社に対するアドバイスや要望の声を、苦情として処理しているかもしれません。

お客様の声を聞き逃さないためにも、リーダーは喜んでクレーム対応に当たるべきでしょう。

好き嫌いはチームワークの大敵

チームがうまく回るには

目標を連続で達成するためには、チームワークが欠かせません。

チームワークを維持するためにリーダーが忘れてはいけないのは、公平を維持すること。つまり不公平な状態をつくらないことです。

人間ですから、どうしても好き嫌いがあります。あるのは仕方がないとしても、それを表に出してしまってはいけません。

一番やってはいけないのは、女性が多い職場である特定の女性社員だけを優遇すること。これはもう一発で女性陣からの印象が悪くなり、チームワークが乱れる原因になります。

女性が原因で足をすくわれるリーダーはよくいます。不倫などではありません。不公平に接して、女性に嫌われてしまったがために、チームの和が乱れるのです。

反対に女性を味方につければ、チームがうまく回るということはよくあります。私が48か月連続で販売目標を達成したときも、非常に優秀なベテランの女性事務スタッフがいて、彼女に何度も助けられました。

不公平な状況をつくらないために

スタッフたちに不公平感を抱かせないためにリーダーが心がけるべきことは、「あいさつ」です。

朝出勤時の**「おはよう」**

成果をあげてもらったり、助けてもらったら、**「ありがとう」**

退社時の**「お疲れさま」**

これをきっちりと、誰に対しても同じように行うことです。ある人に対しては「おはよう！」と元気よく声をかけているのに、別の人にはいい加減に声をかけていたら、すぐに不公平に思われてしまいます。

もう一つ心がけたいのは、「右腕」をつくらないこと。

ビジネス書には、よく「リーダーは自分の右腕をつくれ」と書いてあります。

部下のなかでも一番仕事のできる人を「右腕」として、鍛えたり責任を与えたりして、リーダーをフォローしてもらう。優れた右腕をつくることが、チームをまとめるためには大切、という意見です。

これには私は反対です。

なぜなら右腕をつくってしまうと、他の人が「あの人だけえこひいきされている」と感じてしまうからです。１人の優秀な右腕をつくる代わりに、やる気のない９人をつくってしまう可能性があります。

また、右腕に依存したチームになってしまうことも問題です。もし、その右腕が突然退職したり、不調に陥ったりしたら、チームは大混乱を招いてしまうでしょう。

目標達成を連続で成し遂げるには、限られた人の力だけでは無理。チーム全員に活躍してもらう必要があります。

そのためには、普段から全員を平等に扱うことが大切になるのです。

第4章

脅しや不安感ではない
危機感が人材を育てる

ミスや不調を他人やお客様のせいにはさせない

人を育てる条件

リーダーになったら絶対にやらなければいけないことは、**人を育てること**です。組織の上に立っていながら人材育成をしないのなら、それは単なる管理者。誰でもできる仕事です。部下を成長させてこそ、リーダーとしての職責を果たしたといえるし、仕事の喜びもあります。

そして人材育成に力を入れているリーダーは、自分が困難に直面したときに、育てた部下に助けられます。私も苦しくなったときに部下が協力してくれたからこそ、目標連続達成が実現できました。

反対に、育成に力を入れていないリーダーは、困ったときに協力してくれる部下が誰も現れず、行き詰まってしまいます。

さて人を育てるには、褒めたり励ましたりすることも必要ですが、時には厳しい姿勢を見せることも大切です。

たとえばミスをしてしまったり、目標を達成できなかったりと、うまくいかなかったとき、こんな言い訳をしてくる部下もいるのではないでしょうか。

「競合相手が値下げしたから」「お客様の気が変わったから」「市況が急激に悪化して需要が少なくなったから」「きちんと説明したが相手が聞き間違えた」などなど。

なかにはもっと論理的に自分の正当性を説明してくる人もいますが、よくよく聞いてみれば、これらは全部自己中心的な言い訳にすぎなかったりします。

他人のせいにして言い訳をしている限り、問題はいつまでたっても解決しませんし、本人も成長できません。だから**言い訳をするような部下をリーダーは許してはいけません。**

そんな言い訳を認めてしまったら、「このリーダーは与しやすい」と思われます。リーダーが舐められたら求心力はなくなり、チームをまとめることもできなくなってしまいます。

問いかけてから諭す

たとえばあるコーヒーショップで、若いスタッフがお客様からクレームを受けたとします。スタッフはリーダーにこんな言い訳をしていました。

「お客様は『コーヒーが熱すぎるからやけどをした』と言っています。でもコーヒーが熱いのは当たり前じゃないですか。注意しないで飲むほうが悪いんですよ」

確かにスタッフの言うことにも一理あるかもしれませんが、そんな言い訳を認めるわけにはいきません。私なら彼にこう言うでしょう。

リーダー「君は、コーヒーが熱いのは知っていたよね？」

部下　「ええ、知っていました」

リーダー「じゃあなんで、『熱いのでお気をつけて』とひと言言わなかったんだ？　それは君の不注意じゃないのかい？」

部下　「それは……」

リーダー「そのお客様にしてみれば、コーヒーの温度が高いことに対してではなく、君の気遣いがなかったことに対して怒っているんだよ。君がひと言添えていれば、たとえやけどをしたとしても、お客様は怒らなかったと思うよ」

こんなふうに問いかけてから諭せば、本人も問題に気づいてくれるはずです。と同時に、「このリーダーには言い訳は通用しない」と理解するでしょう。

言い訳という行為は、本人の心理状態を表しているともいえます。

多くの場合、何かに追い詰められていて、苦し紛れに自分を正当化しようとして、言い訳を発してしまうのです。

スタッフが追い詰められているような状態をつくってしまっては、目標達成などとてもできません。

スタッフが言い訳を言い出したら、何らかの問題を抱えているサインと捉えて、問い詰めたり叱責したりするのではなく、「問いかけてから諭す」ことで、問題を解決してあげてください。

これまでの経験に基づく先入観を排除する

行動力が制限される思い込みの怖さ

チームとして目標を達成するためには「行動力」が欠かせません。その行動力を邪魔するものに、「先入観（思い込み）」があります。

この先入観を持っているのは、どちらかというと若手よりもベテランです。

ベテランのスタッフはこれまで多くの経験をしています。何か新しいことや困難なことに挑戦しようというときに、過去の経験から「これは無理だろう」「やっても意味がない」などと判断してしまうのです。

たとえば、5年ごとに自社の商品を買い替えてくれるお客様がいたとします。

ベテランスタッフはそのお客様を十数年前から知っており、その経験から、買い替えのサイクルはきっちり5年だということを知っています。

商品の耐用年数が過ぎて、故障が目立ってくるのがちょうど5年くらいだからです。かつて3年目くらいのときに新商品への買い替えの提案をしたこともありましたが、「まだ使えるから」と断られてしまいました。

ベテラン社員はそんな経験があるので、そのお客様に対しては5年目が来るまでは決して、営業を掛けたりはしません。

これが、先入観によって行動力が邪魔されてしまっているいい例です。

確かにこれまでは、お客様はきっちりと5年サイクルで買い替えをしていました。しかし、いつまでもそのサイクルが続くとは限りませんよね。もしかしたら、お客様を取り巻くビジネスの環境が変わっていて、もっと高性能な商品を必要としているかもしれません。

実際にお客様のところに行ってみて話を聞かないと、わからないことも多いはずです。

先入観にとらわれないで行動すれば、難しいと思っていた問題が意外と簡単に解決することはよくあります。

新人営業が、「あの客は絶対に買ってくれない」と言われるお客様から簡単に契約をとってきてしまうことがありますが、それはビギナーズラックではなく、**先入観を持たずに素直に行動をしたからです。**

ベテラン社員特有の悪いクセがある

リーダーは、チーム内にこのような「先入観」が蔓延し、行動力を阻害する要因になっていないか、日頃からよく観察する必要があります。

特に注意したいのは、社歴が長い「高年次」の社員です。高年次社員には特有の悪いクセがあります。

- マンネリズムからくる向上心の欠如。
- 年次や立場をわきまえない責任感・危機感の欠如。
- 上司や他人の顔色をうかがい、つらい前線から離脱、逃避しようとする。
- 自分の活動不足を棚に上げ、言い訳やウソの報告を連発する。

・お金や実績給には執着があり、自分の実入り分は主張する。
・変なプライドを持ち、「自分はできる」と思っているが努力はしない。

こんなスタッフが増えてしまったら、他のスタッフの足が引っ張られ、やがてはチーム全体が行動力のないだらけた集団になってしまいます。

そうなる前にリーダーは対策を打たなくてはなりません。

もしこんな社員を見つけてしまったら、一番の特効薬は「徹底的に基本に立ち返らせること」です。

ベテラン社員だからといって、わがままや言い訳を言わせず、基本動作のみをきちんとやらせることです。

たとえば外出する際には、行き先や帰社時間などをあいまいにせずに、きちんと報告してから外出させる。電話応対やコピー取りのような雑務も人任せにせずに自分でやらせる。こういったことを通して、基本を思い出してもらいます。

もちろん反発もあるかもしれませんが、リーダーと部下との人間関係ができていれば、自分の悪い点を自覚して修正してもらうことができます。

コンプレックスを個性に変える

リーダーの気遣いで自信が生まれる

人を成長させるために欠かせないものとして、「自信」があります。

同じ人でも、自分に自信がある場合とそうでない場合では、成果が大きく異なります。

人から褒められたことがきっかけで自信をもてるようになり、大きく成長するということもあります。

たとえば私が学生時代、中華料理店でアルバイトをしていた頃にこんなことがありました。

同じ店のアルバイト仲間に高校生の女の子がいたのですが、バスケットボール部の彼女は身長が高く、手のサイズもとても大きい。彼女にとってはそれがコンプレックスになっていたようで、引っ込み思案な性格でした。

しかしあるとき、小柄なアルバイトのチーフが彼女に向かってこう言いました。

「君は手が大きいから餃子の具をかき混ぜるのが上手だよね。うらやましいよ。僕は手が小さいから大変なんだよ」

そのときから彼女は、いつも率先して餃子をつくるようになり、表情も明るくなったように感じたのを覚えています。

また、これは私が店長だったときの出来事ですが、部下に身長190センチを超えるような大きな男性がいました。彼は身長が高いだけでなく、格闘家のような身体つきでとても存在感があります。

そんな彼が話し出すと、蚊の鳴くようなか細い声を出すのです。声が小さすぎるせいか、自信がないように感じます。彼にとっては、小さな声がコンプレックスになっているのではないかと思いました。

私は彼と初めて話したとき、「なんでこんなに小さな声で話すのか」「営業なんだからもっとデカイ声を出さないと仕事にならないだろう」と思い、注意しようとしました。

しかし、よく考えてみれば、そんな大きな身体をしていて、さらに声まで大きければ、お客様は怖がってしまうかもしれません。

また、「大きな身体で蚊の鳴くような声」というギャップはかえって武器になるかもしれない。

そんなふうに考えて、「声が小さいのは君の武器だからそのまま頑張ってごらん」と伝えました。

彼はそのときから自信をもったのか、小さい声はそのままで、営業としてめきめきと実力を付けていきました。お客様に聞いたところ、「あまりにも声が小さいから応援したくなる」のだそうです。

結局彼は、後に他店舗へ移動となり、トップセールスになるまでに成長しました。コンプレックスも個性として生かせば、大きな武器になるということです。

短所も前向きに捉えれば長所になる

例に挙げた人たちのように、自分に自信がもてない人の特徴として、何らかのコンプレックスを抱えているということがあります。

コンプレックスとなっている要素を改善したり、気にしないようにするのは難しいことです。

しかし、**コンプレックスも「個性」として受け入れることができれば、自信をもてるようになります。**

たとえば、地方出身でなまりがコンプレックスを持っているスタッフがいたら、それを「個性」と認めてあげてください。コンプレックスの人には、

「君の方言ってなんだか親近感がわくよね。それに出身地の話題で初めて会った人とも盛り上がれるのはいいね」

字が汚いというコンプレックスを持っている人には、

「決して上手な字じゃないけど、だからこそ丁寧に書くことで気持ちが伝わるよね」

仕事が遅いというコンプレックスを持っている人には、

「いつも慎重に仕事をしてくれてミスが少ないから助かるよ」

こんなふうにひと言ってあげるだけで、コンプレックスを自信に変えてあげることができます。

常にスキルアップさせることがリーダーの役割

否定せずに自由にやらせる

目標を一度達成すると、次の目標は前より高くなります。目標を連続で達成し続けるということは、徐々に高くなっていく高飛びのバーを、失敗することなくクリアし続けるということです。

バーの高さが徐々に上がっていったとしても、飛ぶ人の実力も同じように上がっていけば、目標をクリアし続けることは難しくありません。

チームとして目標を達成し続けるには、個々のスタッフが常にスキルアップして成長し続けられるように、リーダーがサポートしてあげることが大切になってきます。

私が人を育てることの大切さを実感したのは、35歳で初めて課のリーダーになったときです。その店舗には1課から3課まであり、私は2課のリーダーになったのですが、この課のメンバーがクセのある連中ばかり。

まず、リーダーとして初出勤の日に朝礼であいさつをしたのですが、全員が全員、そっぽを向いて聞いていていました。

そんな具合ですから指示にもきちんと従ってくれないし、成績も悪い。彼らも自分たちの成績が悪いことを自覚して、腐ってしまっています。

1課と3課が目標を毎月達成していたとしても、2課だけはいつも50%くらいの達成率しかなく、店舗全体の成績を落とす原因にもなっていました。

私の直属の上司だった店長もそのことはわかっていて、メンバーを入れ替えることを提案してくれましたが、私は断りました。諦めるのは悔しいですし、何とかしたいという思いがあったからです。

そこで私がやったことは、スタッフの営業活動に毎日同行することでした。彼らと一緒にお客様のところに行き、商談の様子を見て、その道中では積極的にいろいろな話をするようにしました。

その際、**私が気をつけたことは、決して否定しないこと。**彼らが落ちこぼれのようになってしまったのは、否定され続けたからではないかと考えたからです。

私は彼らの意見ややり方を尊重し、時には褒めて、時にはねぎらいをして、なるべく否定せずに自由にやらせるようにしました。

そうこうしているうちに心が通じ合うようになり、徐々に成績が上がってきて、それぞれのメンバーが営業として独り立ちできるくらいに力を付けてくれました。

リーダーは「人を育てる」しか選べない

せっかく成長させてあげようとしているのに、リーダーの言うことをまったく聞かないスタッフがいるとします。あなただったらどう感じますか？

1. クビにしたい
2. 自分の言う通りにさせたい
3. そんな部下でも育てたい

本心では、誰でも1か2を選びます。でも実際には、リーダーには3の選択肢しか選べません。

1のように、気に入らない部下をクビにしたいと考えるリーダーはたまにいますが、中間管理職にそんな権限はありませんし、上司や経営者に申し入れたとしてもそれが実現することはないでしょう。なぜなら日本では解雇に関する法律上の規制が非常に厳しく、滅多なことでは解雇できないからです。

次に2ですが、リーダーが「何とかして自分の言うことを聞かせてやろう」と高圧的な態度をとったとしたら、それこそ逆効果で部下は言うことを聞いてくれなくなります。2のような考えも非現実的です。

というわけで、リーダーに唯一できることは3しかないのです。

もし辞めさせたくなるような部下や、自分の言うことをまったく聞かない部下がいたとしても、それがリーダーにとっては大切な持ち駒です。立派な戦力として育てるという覚悟を決めるしかないのです。

部下を通してメッセージを伝える

第三者を介したメッセージだから心に響く

部下に対して要望や期待、忠告など、何らかのメッセージを伝えたいというとき、本人に直接伝えられれば、それがベストではあります。

しかしお互いの信頼関係がまだ構築できていない段階だったり、あるいは部下がちょっとひねくれた性格だったりすると、リーダーの言葉をそのままの意味で受け止めてもらえないことがあります。

たとえば親切心からアドバイスをしても、単なる上からの指示のようにとられてしまう。「最近よく頑張っているね」などと声をかけても、「お世辞を言うなんて、何か魂胆があるんじゃないだろうか」と疑われてしまう。

そのように**自分の言葉をストレートに受け止めてくれないような相手には、第三者を介**

してメッセージを伝えるのが効果的です。

リーダーの言葉には反発する人でも、同じ立場である同僚からの言葉なら受け止めてくれやすいからです。

私がよくやっていたのは、スタッフのなかで1人か2人、リーダーを助けてくれるアシスト役を決めておくこと。

スタッフのなかでも特に面倒見がよく、周囲から信頼されている人にアシスト役になってもらい、彼を介してメッセージを伝えるのです。アシスト役といっても正式なポジションではなく、あくまでもリーダーの心のなかで任命する役割です。

アシスト役には、たとえばこんなことを伝えてもらいます。

実績が上がらずに苦しんでいる人に対して、

「成果にこだわらず、基本をしっかりとやるようにしてみたらどうだい？」

「リーダーは君のことを信頼して、実力を認めているよ。プレッシャーに負けずに、本来の力を発揮してみなよ」

逆に、仕事が好調で有頂天になっていて、リーダーの助言を聞かないスタッフには、「順調なときほど怖いものはないよ。自分を見直したほうがいいよ」

体調がすぐれずに具合が悪いスタッフには、

「とにかく休みなよ。体調を整えてからじゃないと、いい仕事ができないよ」

コミュニケーション下手で仲間となじめずに孤独感を深めているスタッフには、

「君は1人じゃない。何でも相談してよ」

というふうに伝えてもらいます。

単なるメッセンジャーボーイじゃない

特に、最後のメッセージは重要です。**スタッフ間のコミュニケーションはリーダーだけが主導するものではなく、スタッフが主導することも大切**なのです。

レクリエーション費などの予算がある場合には、それをアシスト役に渡してしまうというのも手です。悩んでいるスタッフを昼食に連れ出して、ついでに相談に乗ってあげるように依頼するのです。

アシスト役にとっても、他のスタッフに対して助言をしたり相談に乗ったりすることは、リーダーシップを学ぶ機会になります。

また、アシスト役の役割がうまく回り始めると、組織のなかで何か問題が起こったときに、自然と助け合う習慣ができてきます。

困っているスタッフがいると、リーダーが言わなくても、アシスト役が自発的に助けてあげるようになるからです。さらに、「あのとき、同僚の助言に助けられた」と実感したスタッフは、いずれ他のスタッフに手を差し伸べられる人になってくれるはずです。

一つ注意してほしいのは、アシスト役を単なるメッセンジャーボーイとして使わないことです。

何でもアシスト役を通して伝えていては、アシスト役となった人も大変ですし、他のスタッフからも「あいつはリーダーの操り人形なのか」なんて勘ぐられてしまいます。

あくまでも状況と相手を見て、重要な場面にだけ使う方法と考えてください。

個々の自立を促す

向上心を持ってもらうには

他人の助けを必要とせずに、やるべきことを自分で考えて行うことが「自立」です。最近では自立している社会人が少なくなったような気がします。特に、新入社員の教育をしているとそう感じることがあります。

全て準備を整えてもらってからでないと仕事ができない、マニュアルがないとどうしていいかわからない、説明されればメモくらいはとるけれど自分から積極的に質問することはない……。

そんな人ばかりですから、教育研修の担当者は非常に大変です。手取り足取り教えてあげなくてはなりません。

新人研修でも、かつては必要最低限のビジネスマナーだけを教わり、後は現場でミスしながら覚えていくというのが当たり前でした。

しかし昨今では、新人研修の期間を長くとっている会社が増えています。大きな会社ともなると、新人研修だけで半年間も費やしているケースがあります。


自立していない人が増えている原因はいろいろですが、義務教育にも問題があるのではないでしょうか。義務教育の段階で、自ら学び問題を解決する力を養ってこなかったわけですから、社会人になってから自立しろといっても難しいのです。

また、終身雇用の崩壊で、一つの会社に長く勤めようという人が少なくなりました。さらに価値観の多様化によって、出世することが大切な価値とはいえなくなりました。

「同僚との競争に勝って一番に出世したい」と考える人が少なくなっているのですから、自立できない人材が増えてしまうのは仕方がないことといえます。

仕方がないことではあるのですが、彼らを先導するリーダーとしては、非常に怖いことです。**チームが向上心のない指示待ち人間ばかりでは、チーム目標を次々と達成していくことなどできない**のです。

会社にとっても、持続的成長がストップしてしまいかねない重大な危機といえます。

格好いいリーダーの条件

そこでリーダーのやるべきことは何でしょうか。

それは、**リーダーが「格好よく」あること**です。

部下や後輩から「あんなふうになりたい」と思ってもらえるような、憧れの的、格好いい存在。リーダーがそんな人になれば、スタッフの向上心に火を付けることができるのではないでしょうか。

では、具体的に「格好いいリーダー」とはどんな人か。

権限があるリーダーです。

リーダーでありながら、権限がなく、いちいち上司に相談しないと物事を判断できない人はいます。

「お客様があと3万円値引きしろとおっしゃっているんですが、大丈夫でしょうか?」

そんなふうに上司と話しているリーダーを見て、部下は「格好いい」と憧れるでしょうか。決してそんなことはありません。「リーダーって名ばかりなんだな」と軽蔑されてしまうでしょう。

反対に、上司にお伺いを立てることなく、自らの権限でズバッと回答すれば、部下に「格好いいリーダー」と思ってもらえるでしょう。

そこで、その都度お伺いを立てなくても済むように、自分の決裁権限を広げてもらうよう、上司に相談してみてはいかがでしょうか。

もちろん普段の実績がなければお願いしづらいですから、まずは結果を出して上司の信頼を獲得することが大事です。

そして自分の権限では判断できない事項が出てきたときには、部下に見えないところで上司に相談することです。

格好悪いシーンはなるべく部下には見せない、というのもリーダーにとって必要な演出です。

自主的にやりたいことを本人の口から引き出す

やりたいことを尋ねる

リーダーがあれこれと事細かく指示をして、スタッフはその指示に従うだけというチームは、モチベーションが高くないため、低い成果しか出せません。

そんなチームでもし成果が出たとしても、継続させることは難しいでしょう。

その反対に、リーダーから指示されたことだけをやるのではなく、**個々のメンバーが自ら立てた目標に向かって自発的に動いているチームは、仕事に対するモチベーションも高く、成果をあげやすい**といえます。

そして結果が出たときの喜びも大きく、次の目標達成に向かうモチベーションも高くなります。

そんなチームなら、個々のスタッフがスキルアップしながら、目標を連続でクリアしていくことができるでしょう。

スタッフの自主性・自発性を引き出すためにリーダーがやることは、**一人ひとりに「やりたいこと」を尋ねる**ことです。

「今月のチームの目標はこれだけど、君は何を目標にする？」

「君に与えられたノルマの数値はとっても大きいけど、君ならできると思うよ。じゃあどんなことをしてクリアしようか。何かやってみたい施策はある？」

というふうに、リーダーが問いかける。そうすれば本人の口から、「○○を目標としたい」「目標達成するためにはあんなことをしたい」と希望を引き出すことができます。

誘導的とはいえ、本人に決めさせて本人の口から宣言させることで、リーダーが一方的に指示したときよりも、やる気を出して取り組んでくれるようになります。

プライベートでやりたいことも聞く

「やりたいこと」を聞き出して自主性を育てるのは、何も仕事に限ったことではありません。プライベートに関することも、ぜひ聞き出してみてください。

「若者の〇〇離れ」などという言葉をよく聞きますが、私生活において欲があまりないという人は増えているようです。

都会に住んでいるから車は欲しくない、面倒くさいから彼女もいらない。趣味は特にないから休日はボーッとしていることが多い。お金を使うのは飲み代とスマホ代だけ……。

そういう時代ですから仕方がないのですが、あまりに欲がないと、毎日の生活や仕事にも張りが出ませんよね。

プライベートでも何らかのやりたいことがあったほうが、「もっとお金を稼ぎたい」「もっと効率的に仕事を終わらせて余暇の時間をつくりたい」というふうに考えるようになり、仕事にもいい効果が出ると思います。

生き甲斐につながるような趣味を持っていない部下がいたら、趣味をつくるように促してあげてください。

ゴルフ、釣り、スポーツジムで筋トレ……何でもいいと思います。

私が店長だった時代には会社でダイビングクラブをつくって、組織を越えてたくさんの仲間を集めていました。

共通の趣味があると、普段接点がない人とも話すようになり、そのつながりが仕事で役に立つこともあります。

もしリーダーであるあなた自身に趣味がなかったら、まずは自分が趣味を見つけ、プライベートを充実させることから始めてください。

「危機感」が人を成長させる

危険回避行動を促す

序章で「危機感」の必要性について触れましたが、危機感と状況が似ている言葉に「不安感」があります。

危機感はチームにとって必要ですが、不安感は決して必要ではありません。その違いを理解してください。

危機感は、「このままでは危険だ」という感情です。「危険を回避するために何とかしなくては」と前向きな行動につながります。

不安感は、「怖い」「不安だ」という漠然とした感情です。それが何かの行動につながるものではありません。不安が募ると縮こまってしまうこともあります。

危機感はポジティブな行動につながりますが、不安感は恐怖を感じるだけなのでポジティブな行動にはつながりません。

リーダーが部下に示していいのは、不安感ではなく、あくまでも危機感です。

しかし特に営業の現場では、不安感を与えてしまうリーダーをよく見かけます。

「このままじゃ来週の目標、未達になりそうだぞ。未達だったらどうなるか、わかっているんだろうな！」

これでは部下に不安を与えるばかりか、パワハラで訴えられる可能性もあります。そして脅しや不安感で指示命令を押しつけたとしても、継続的な成果は望めません。

同じ内容であっても、こんな言い方にすればいいのです。

「このままでは来週の目標を達成するのは難しいと思うよ。でも、なんとしても達成したいよね。じゃあどうすればいいと思う?」

リーダーが思っているほど危機感を抱いていないスタッフは多いものです。そこでこのように投げかけて、危機感をきちんと認識してもらいましょう。加えて、問題を解決する方法を一緒に考えるように促せば、スタッフの前向きな行動を引き出すことができます。

ライバルを視察して危機感を抱かせる

スタッフにより切実に危機感を持ってもらうための効果的な方法があります。競合相手の「良いところ」を見せることです。

どんなチームにも、自分たちと競合している店舗や会社などがあるはずです。そんなライバルのところに、お客のふりをして偵察に行かせるのです。

実際にサービスを利用したり見積書をつくってもらったりしながら、店舗の内装デザインや雰囲気、接客対応、運営方法などをよく観察させます。

気をつけていただきたいのは、「良い点」だけに注目させるようにすることです。悪いところに目を向けていては、危機感を抱くことができないからです。

「彼を知り己を知れば百戦殆《あや》うからず」と孫子の言葉にあります。

敵の実力を見極め、自分たちの現状を客観的に判断して戦えば、100回でも勝負に勝てるという意味です。

ライバルの視察はまさに、敵を知り、己を知るのに有効な手段といえます。

スタッフが視察を終えて帰ってきたら、リーダーは「どうだった？」と感想を聞き、ライバルの優れているところ、自分たちにないところを確認します。

そのうえで、どうすればライバルに負けないでいられるのか、自分たちとしてはどんなことができるのか、今後の対策を話し合います。

そこまでやることで初めて、「危機感の共有」ができるといえます。

第5章

グチや文句、不満を言える
コミュニケーションが
組織を強くする

常に「どうする?」と問いかける

「他人にやらされる」と「自らやる」では大きく違う

リーダーが「やれ」と指示しても、スタッフは素直に従ってくれるものではありません。従ってくれたとしても、本人のなかに「やらされ感」があると、質の高い仕事をしてもらえません。やらされ感で仕事をしている人が1人でもいれば、チームに悪影響を与えてしまいます。

同じことをするのでも、「他人にやらされる」と「自らやる」では大きな違い。**チーム全員が意欲をもって仕事ができるように、「自らやる」雰囲気をつくる**こともリーダーの仕事です。

そんな雰囲気づくりが上手だった歴史上のリーダーに、徳川家康がいます。

関ヶ原合戦の前、徳川家康は上杉景勝を討伐するため、各地の大名を引き連れて会津に向かっていました。

その途中、大坂で石田三成が家康打倒の兵を挙げたとの一報が伝わり、すぐに家康は大名を集めて今後の方針を決める会議を開きます。これが世に言う「小山評定」です。

その席上で家康は、「このまま自分に味方してもいいし、三成方についてもいい」と大名たちに判断をゆだねました。

大名たちは三成に妻子を人質にとられていることもあり、方針を決めかねて黙っていました。そのとき、福島正則が口を開き「家康様に味方します」と宣言。

これにより会議の流れは決まり、その場にいた大名のほとんどが福島正則に賛同して家康支持を表明し、三成を倒すために西に向かったのです。

じつは家康と福島正則は事前に示し合わせており、会議の流れを巧みに誘導していたという説もあります。

もし家康が「三成を打つためにこの家康についてきてくれ！」などと声高に号令をかけただけなら、あのような結果にはならなかったかもしれません。

大名たちは自由な選択肢を与えられ、そして福島正則に影響されながらも自分たちの意思で決断を下したことで、打倒三成に向けて一致団結した、と考えることができます。

「やれ!」ではなく「やる」と言わせる

じつは、この方法は現代のチームマネジメントにおいても有効です。

私がよく使っていたのは、目標を連続達成するためにあと一歩数字が足りないなど、窮地に陥ったときです。

そんなときは、大声を出して「やれ!」と発破を掛けるだけではどうにもなりません。

そこで私は、現在の置かれている状況を率直に説明してから、チームのメンバーに判断をゆだねたのです。

「今月はあと20台売らないと目標には届かない。これは難しい数字だ。残念だが今月で連続達成を断念することもできる。みんなはどうする?」

このように判断をゆだねられると、たいていの人は挑戦意欲を刺激されて「やる」と言います。

内心では「無理だ」「できるかどうかわからない」と思っている人もいるはずですが、他のスタッフがいる前ではネガティブな答えは言いづらく、前向きな発言をしがちです。

そして、**自分たちが「やる」と言った以上、人から命令されるよりも強い動機が生まれ、本気になって達成しようという挑戦意欲がわいてきます。**そして、**チームが一致団結して目標達成に向かう**ことになります。

面倒な仕事を依頼するときも、この方法は有効です。

上司「2つの会社からとった見積書、どう思う?」
部下「そうですね。項目がそれぞれバラバラで比較検討しづらいですね」
上司「どうすればいい?」
部下「比較表をつくりましょうか?」

最初から「比較表をつくって」では「面倒くさいなぁ」と思われてしまうかもしれませんが、このように「どうすればいい?」と尋ねることで、**本人の自主性を引き出す**ことができます。

対話力を身につけさせる

話が続かない人は意外に多い

ビジネスパーソンに求められる能力のなかでも、上位にあるのがコミュニケーション力でしょう。

コミュニケーションにもいろいろな意味がありますが、その基盤となるのは「対話力」ではないでしょうか。

職場の仲間、お客様、取引先など、さまざまな人との関わりのなかで仕事は成り立っています。相手に自分の考えを伝えたり、あるいは相手に対して質問して答えを引き出したりと、対話することによってしか成果を得られないことも多いのです。

しかし今のビジネスパーソンは、メールやＳＮＳを使いこなす能力には優れているものの、対話力には自信がないという人が多いようです。

私が店長だったときにも、対話力の乏しい部下がいました。

お客様を試乗に案内するために店を出て行ったと思うと、5分もしないうちに帰ってきてしまう。

何かトラブルでもあったのかと聞いてみると、「お客様と会話が続かなかったんです……」。

試乗というのは車の営業にとって、お客様との距離を縮める絶好のチャンスです。狭い空間でお客様と対峙するわけですから、じっくりと商品説明ができるし、お客様の話を引き出すこともできる。

それを「話が続かない」で早めに引き上げてしまっていては、売れるものも売れません。

営業の話だけではありません。どのような分野の仕事であっても、多かれ少なかれ人と接する機会はあります。

そのときに対話力がなければ、相手との意思疎通がスムーズに行えないでしょう。

チームとして成果をあげて目標を達成するために、**リーダーに対話力が必要なのはもちろんなのですが、部下にも対話力を身につけさせる必要があると**考えます。

5分間、会話を続けさせる

対話力というと難しいスキルのような気がしますが、まずは雑談する力だけでも付けさせてはどうでしょうか。

インターネットで自分の興味のあることに関しては深く情報収集する。でも新聞やテレビは見ないので、世界情勢、経済情勢、スポーツ、天気などの大きなトピックスでさえもまったく知らない。そういう人は増えています。

仕事相手とのコミュニケーションをスムーズに進めるためにも、せめて世間の多くの人が興味を持つような一般的な話題については、話ができるようにするべきです。

そこで私がスタッフに訓練させていたのは、何か一つの話題について、最低でも5分間会話が続くようにすること。

たとえばゴルフという話題なら、

「ゴルフがお好きでしたよね。私、全然詳しくないんですけど、ゴルフのセットっていくらぐらいするんですか?」

「○○という選手を最近よく聞きますが、どのへんがすごい選手なんですか？」
「先日営業で○○に行ったら、海沿いにゴルフ場がありましたよ。あんなところでプレーしたら気持ちいいでしょうね」

こんなふうに投げかけて、返ってきた答えに対して自分の感想を言い、さらに質問するということを繰り返すのです。

ロールプレイングとして2人1組になってやってもいいですし、質問を考えるだけなら1人でもできますね。

自分にとってあまり興味がなく、知識を持っていない話題であっても、積極的に質問を投げかけていけば、会話を5分くらい続けることは難しくありません。

面白いもので、この訓練を続ければどんな話題でも必ず5分は話が続くようになります。そして話題を変えれば、いくらでも会話を続けられるようになります。

「ありがとう！」を素直に伝える

たった一つの言葉でチームの雰囲気はガラリと変わる

チームの運営がうまくいかず、思うように成果があがらない、職場の雰囲気も悪い。でもどう改善したらいいかわからない……。

そんなふうに悩んでいるリーダーもいるのではないでしょうか。

もしチームを変えたいと本気で悩んでいるのなら、短期間で劇的に効果の出るこの手法を試してみてください。

それは、**1日10回「ありがとう」を言う**ことです。

「そんなことで？」と思うかもしれませんが、これは私が営業部長の時代に、部下である店長たちに実際にやらせて、チーム運営が改善した実績のある手法です。

これを実際にやれば、劇的にチームが変わります。

自分自身のことを振り返ってみてください。部下であるスタッフに対して「ありがとう」と言っていますか？

普段あまり言っていないという人が多いのではないでしょうか。

日本人はシャイだからか、私の過去の経験からも、上に立つ人で頻繁に「ありがとう」と言う人は少ない気がします。

特に、大企業においてはその傾向が強いですね。リーダーなら部下に何かをしてもらうことが当たり前になっているのかもしれません。

でも**「ありがとう」はビジネスシーンにおいても欠かせない言葉です。感謝の気持ちを伝えて相手の存在を承認するという、最上級の感情表現**です。

ぜひ、チームのスタッフに「ありがとう」と伝えてください。普段あまり言わない人が発するからこそ、大きな効果があります。

「急にお礼を言い出すなんて、何かウラがあるんじゃないか？」と訝しがられるかもしれません。

でも1日に10回も言っていれば、「最近のリーダー、何か変わった」と気づいてくれるはずです。そして、感謝の言葉を素直に受け止めてくれるようになります。

さらに続けていくうちに、スタッフも同僚や上司に対して感謝の言葉を示すようになります。「ありがとう」が飛び交う職場になれば、チームの雰囲気はガラリと変わり、仕事にも必ずいい影響が出てくるはずです。

1日10回褒めるポイントを見つける

一度騙されたと思って、1日10回「ありがとう」と言い続けてください。最初はどんなことでも構いません。

掃除をしてくれたら、「ありがとう」

契約をとってきてくれたら、「ありがとう」

あいさつが元気よかったら、「ありがとう」

仕事を手伝ってくれたら、「ありがとう」

恥ずかしいと感じるかもしれませんが、それを乗り越えなければチームは変わりません。

「ありがとう魔」になるつもりでやってみましょう。

実際にやってみるとわかることですが、継続してやることは意外と難しい。1日10個の感謝する材料を探さなければならないからです。

ノルマは必ず1日10回です。7回しか言っていなかったら、あと3個、感謝する材料を必死になって探してください。そうすると、普段見えていなかったものが見えてきます。

「彼にはこんないいところがあったのか」

「うちのチームはここがスゴイ」

「いつもきれいに片付いているのは彼女のおかげなのか」

というように、今までとは違う目線でチームを見ることになるからです。

どうしても恥ずかしくて言えない人は、メモを書いて渡すのでも、メールやＬＩＮＥで送るのでも構いません。それだけでも思いは伝わるはずです。

昼食は絶好のコミュニケーションの場

「同じ釜の飯を食う」の本当の意味

チームの規模や仕事の内容にもよりますが、スタッフと毎日職場で顔を合わせていても、指示をしたり報告を受けたりする以外では、じっくりと話をする機会は少ないのではないでしょうか。

チームのスタッフとの信頼関係を構築するには、話す機会を増やすことが一番です。

テレビCMなどで繰り返し同じタレントを見ているといつの間にか好意を持ってしまうように、人間関係においても、話をする回数が多い相手ほど好意を持ちやすくなります。

リーダーとしての好感度を高めたいなら、スタッフと話をする機会を増やしてみましょう。**お互いの人となりを知ることで、心理的な距離を縮めることができる**はずです。

その方法として一番いいのは、**一緒にご飯を食べる**こと。

「同じ釜の飯を食う」という言葉がある通り、一緒にご飯を食べるなどして苦楽を分かち合えば、意思疎通が図れてコミュニケーションが円滑になります。現代ではそんな状況は少なくなっていますが、あえてつくり出すことはできます。

といっても、昔ながらの飲みニケーションは若手社員に嫌がられる場合もあるのでやめたほうがいいでしょう。

私自身、仕事が終わったらなるべく早く帰って自分のために時間を使いたいと考えていますから、飲み会はほとんど開きませんでした。

また、出勤1時間前に集まって朝ご飯を食べながらミーティングをする会社の様子をテレビで見たことがあるのですが、これにも賛成できません。朝起きるのが大変ですし、労働実態としては残業と一緒になってしまいます。

食事中は仕事の話は一切しない

ではどうするかというと、昼食の時間を利用するしかありません。

私がよくやっていたのは、持ち回りで「昼食当番」を決めること。昼食当番は弁当を買ってくるか出前をとるかして、昼食を用意します。もちろんメニューのリクエストは各スタッフに聞いておきます。

そしてオフィスにあるテーブルに何人かのスタッフが集まり、雑談をしながら一緒に食事をするのです。

その際にこんなルールを決めていました。

- 強制参加にしない。
- 食べたら自分で後片付け。
- メニューの文句は言わない。
- 他人のおかずには手を付けない。
- 仕事の話は一切しない。

特に大事なのは最後のルールです。ご飯を食べている最中に、「あの案件、遅れているんじゃないの?」なんて言われたら、美味しいものも美味しくなくなってしまいますよね。

「仕事の話は一切しない」というルールをつくることで、必然的に趣味や家族などプライベートの話をするようになります。

普段仕事の話しかしない人ともプライベートの話をすることで、リーダーもスタッフも、**お互いの意外な一面を知る**ことができます。

私と同じように弁当やデリバリーを利用するのではなく、外に食べに行くのでも構いません。とにかく**昼食を共にする機会をつくることが、チーム内でのコミュニケーションを充実させる**ためにはとても大切です。

リーダーはチームの「責任者」ではなく、よき「監督者」である

責任にこだわりすぎて結果が出なければ意味がない

リーダーになったばかりの人、若手のリーダーにありがちなのが、肩に力が入りすぎてしまうこと。

「リーダーを任されたからには結果を残さなければ」「チームをまとめなければ」と意気込むのはいいのですが、力みすぎて空回りしてしまうことがあります。あるいは責任を感じすぎて、メンタル的に追い込まれてしまう人もいます。

そして、自分の強い意気込みをスタッフにも押しつけてしまうので、スタッフから敬遠され、チーム運営がうまくいかなくなることもあります。

どうしてそんなに力んでしまうかというと、リーダーの役割を「責任者」と考えてしまうからです。

確かにリーダーは、そのチームの責任者であることには違いありません。

スタッフが何かトラブルを起こし、それがスタッフだけで解決できなければ、最終的にはリーダーが出て行って対処する必要があります。

また、チームとして目標を達成するという責任を負っているのもリーダーです。目標達成が叶わなかったり、あるいは目標に大幅に届かなければリーダーを解任されることもあります。

そういう意味では確かに「責任者」なのですが、あまりに責任にこだわりすぎると、プレッシャーでガチガチになってしまいますよね。

初めてリーダーになってわかったこと

私も初めて店長になったとき、そういう状態になりました。もともと小心者だったこともあり、プレッシャーで押しつぶされそうになりました。

しかしあるとき、ふと自分のことを「責任者」ではなく「監督者」と思うようにすればいいんだ、と考えたら気が楽になりました。

「監督者」というのは、チームのまとめ役、扇の要、部下への指導者。

一方で「責任者」は、予算や実績に対して責任を負う人。何かトラブルがあったときに矢面に立つ人。

たとえば高校野球の強豪校でいえば、チームの指揮を執ると同時に結果に対して責任を持つ監督（＝責任者）と、部員のなかのリーダーであるキャプテン（＝監督者）の違い、といったところでしょうか。

「自分はチームをまとめる監督者なんだ」

それくらいに思っておけば、余計なプレッシャーを感じないで済みます。

実際の職責としては「責任者」であることには変わりないのですが、リーダー1人でチームがやることの全責任を負えるわけではありませんし、目標達成なんてできなくたって、極端な話、死ぬわけではありません。

「チームの先頭に立って、伸び伸びと仕事をしていこう」くらいに気楽に構えていたほうが、案外いい結果が出るものなのです。

部下の健康状態に気を配る

病気・ケガはチーム運営の最大の敵

自分の健康はもちろん、部下の健康にも気を配る。これは、私がリーダーとして最も重視していたことの一つです。

リーダーにはたくさんの仕事があります。特に、自分もプレイヤーの1人として活躍しながら、部下の管理・育成も行うプレイングマネジャーともなれば、多忙を極めます。

「忙しいのに部下の健康にまでいちいち気を配っていられない」「大人なんだから自分の身体くらい自分で管理しろ」というのが、リーダーの本音ではないでしょうか。

実際、スタッフ個人個人の健康状態について無知・無関心であるリーダーは多いです。

スタッフが健康なときはそれでもいいのですが、いざ病気にかかったときに困るのはリーダー本人です。

特に少数精鋭チームで、シビアな目標を掲げて追いかけているとき。

「今月あともう少しで目標を達成できる」そして「今月達成すれば目標連続達成記録が12か月になる」といったギリギリの状況のとき、チーム内にインフルエンザが蔓延してしまったらどうなるでしょうか。

たとえば10人いるチームのうち3人が休んでしまえば、それだけで目標達成は難しくなってしまいます。せっかくコツコツと積み上げてきたものが途切れてしまうことになるのです。

目標達成、特に連続で達成することにこだわるのなら、**戦力の低下を招く病気・ケガはチーム運営の最大の敵**です。好調を続けていたチームがダメになるのは、スタッフの病気が理由であることも多いのです。

だからこそ、リーダーはスタッフの健康状態にまで気を配る必要があるわけです。

顔色が一番のバロメーター

具体的にどのようにして健康管理をするかというと、まず、**朝一番の顔色を見る**ことです。

朝礼があればそのときに、なければあいさつをしたときに、スタッフ一人ひとりの顔色をしっかりと観察します。

最初のうちは顔色の違いがわからないかもしれませんが、毎日続けていればすぐにわかるようになります。

いい顔色をしていなければ、どこか具合が悪いはずです。

また、「いつもよくしゃべる人の口数が少ない」「いつも大盛りを食べている人が今日はおにぎり一つしか食べない」など、日頃からスタッフの様子をよく観察していれば、普段との違いに気づくことができます。

そこで具合が悪そうなら「どうしたの?」と聞いてみます。しかし、責任感の強いスタッフはたいてい「大丈夫です」と隠そうとします。

でもリーダーはそれを鵜呑みにしてはいけません。もし、インフルエンザなどの感染症だった場合は大変な事態になります。

私の場合は机の引き出しにいつも体温計を入れておき、怪しいと思ったスタッフには体温を測らせるようにしていました。

そして熱があったら、すぐに帰宅させます。

「大事な商談がある」「もう少しやって一区切りしてから帰る」などと言う人もいますが、その仕事は他のスタッフか自分が引き継ぐことにして、熱があるスタッフは強引に帰らせてしまうのがいいでしょう。病気が悪化するリスクを最小限に抑えるためです。

また、風邪が流行っている時期などは、元気なスタッフであってもなるべく早く帰らせて、十分な睡眠をとるようにさせます。

そこまでやって初めて部下の健康管理ができているといえます。

私は店長時代にうるさがられるほどスタッフの健康に注意していたので、十数人いる店舗のなかで病気になるスタッフは少なく、多いときでも2人までしか休みませんでした。

そうして常に一定以上の戦力をキープできたことが、連続での目標達成を成し遂げた要因の一つだったといえます。

グチや文句、不満をあえて出させる環境づくり

意見の言えない組織はいらない

皆さんの職場では、スタッフたちがグチや文句、不満を口に出していますか？

スタッフがグチや不満を言わない組織には、２つの種類があります。

一つは、ＥＳ（従業員満足度）が非常に高く、本当に何の不満も出ない組織。これは意外と大企業に多いです。

一見、素晴らしいことのようですが、実態はわかりません。

上場企業や名の知れた大企業の一員として働いているという事実に、社員は満足してしまっているだけかもしれません。だから満足から上を望まないし、それ以上よくすること

を望まない。

これはいわゆる「大企業病」というやつです。ぬるま湯に浸かっているだけかもしれないのです。でも大企業ならそれでも回っていくことが多いでしょう。

もう一つは言いたくても言えない組織。「どうせ言ってもダメだろう。仕方ないさ」と諦めてしまう組織です。

「どうせ言ってもダメ」と諦めているのは、かつてグチや文句を言っても、それが上司に聞き入れられなかったという経験があるからです。それどころか「ガタガタ言わず、やれ！」などと押さえつけられたことがあるのかもしれません。

文句やグチを言う人に対して、「黙ってやれ」と言うのは簡単です。簡単ですが、一つも解決にはなっていません。

グチや不満は、「組織をもっとよくしたい」という問題意識があるからこそ出るものです。そして、「リーダーが何とかしてくれるかもしれない」という期待もあります。

問題意識を持ってくれているスタッフは、リーダーにとって非常にありがたい存在です。そんな人を自ら遠ざけてしまっては、チームを改善していくことはできません。

それだけでなく、「リーダーは自分たちの意見を聞いてくれないんだな」とスタッフを萎縮させるおそれがあります。

また、何か問題が生じても、「これを言ったら怒られるかもしれない」と隠してしまうようになります。その結果、問題が大きくなるまで発覚せず、事態の悪化を招くこともあります。

グチや不満が出てこない組織というのは、かえって恐ろしいものなのです。

頭ごなしに否定せず、しっかりと受け止める

風通しの良いチームにしたいなら、グチや文句、不平不満が気兼ねなく言える環境づくりをすることも大事です。

「うちのリーダーは我々のグチや不満をしっかりと受け止めてくれる！」

そうスタッフが理解してくれればしめたもの。グチや不満が提案となり改善されていくのです。

私の店長時代にもスタッフからよくグチを聞きました。

「店長の都合で会議やミーティングが多すぎですよ！」

「少し考えてくれませんか！　営業活動時間が減っちゃいますよ」

このように私のマネジメントに対するグチもあれば、店舗の設備に関するグチや不満も多くありました。

「ウチの店舗は来店客が多いのに、何でこんなに駐車場が少ないのですか？　効率も悪いし、何より危険ですよ。店長、本社にかけあってください！」

そんなグチや不平不満に対して、正面から向き合って聞いてあげることで、それらの半分は解消してしまうこともあります。

さらに、「どうすればいいと思う？」と一緒になって考えることで、前向きな意見も言ってくれます。

グチや不満を本音で言える組織は強いですし、それをしっかりと受け止めることができるリーダーは、スタッフから信頼、信用を獲得できます。

常に笑いのある職場にする

人間関係がいいと笑顔が生まれる

連続で目標を達成し続ける職場というと、いつも緊張感が漂うピリピリしたムードを思い浮かべるかもしれませんが、決してそんなことはありません。

確かに数字にいつも追われているという緊張感はありますが、職場の雰囲気までピリピリしている必要はまったくないのです。

むしろ一生懸命に仕事をしながらも、時折笑顔が見られるリラックスした職場のほうが、チームの人間関係がうまくいき、いい成績をあげることができます。

といっても、いつもワイワイガヤガヤとおしゃべりしているような、スタッフ同士がなれ合っている仲良しグループである必要はありません。

普段は真剣な表情で仕事に取り組んでいても、息を抜くところではしっかりとリラックスして、笑顔でコミュニケーションをする。そんなメリハリのある職場にすることが大切です。

「怒りは無知　泣くは修行　笑いは悟り」

職場の雰囲気づくりも、リーダーの大事な仕事と心得てください。

成績が思うように上がらずに苦しんでいるときこそ、笑顔が大事です。

いつも苦虫をかみつぶしたような顔をして自席に座って仕事をしていませんか？

そんなリーダーの下で働くスタッフは楽しくありませんよね。身に覚えのある人は、改めてください。

冗談の一つでも言ってチームの雰囲気を盛り上げてこそ、リーダーといえます。

では、冗談を言うのがあまり得意ではない人はどうすればいいでしょうか。

おやつ時にお菓子を買ってきて、「ちょっと休憩しようか」と誘ってみてはいかがでしょう。

その場にいるスタッフだけでも構いません。10分から15分くらい、お菓子を食べながら一息つけば、自然と笑顔が生まれます。

私の好きな落語家・柳家金語楼さんは、

「怒りは無知、泣くは修行、笑いは悟り」

という言葉を座右の銘としていました。私も大好きな言葉です。

怒っても泣いても、あまりいいことはありません。どうせなら笑ったほうが、職場の雰囲気が明るくなりますよね。

スタッフが朝起きたときに、「行きたくないなぁ」と思うのではなく、「早く行きたい！」と思えるような、そんな職場づくりを心がけたいものです。

そうすれば必ず目標達成ができるのです。

おわりに

私は40年近い会社員生活のなかで、約22年間部下を率いて、組織目標の達成のために活動してきました。良いときも悪いときもありました。バブルの崩壊、リーマンショック、最近ではあの東日本大震災と、環境が厳しければ厳しいほどリーダーの真価が問われることを知ったのです。

私は幸いにも良き会社、上司、お客様、そして最高の部下たちに恵まれました。今の自分があるのは、彼ら抜きに考えられません。そして、部下やスタッフたちと仕事をするなかでわかってきたことがあります。

それは組織とは人の集まりであり、組織目標はその組織のメンバー全員で達成するものであるということです。

決して個の力で達成できるものではないのです。

ゆえに組織の上に立つ者は、部下やスタッフたちの幸せを常に考えなければならないのです。決して私利私欲に走ってはいけません。

部下やスタッフたちを信頼し、信用してこそ彼らも本来の力を発揮するのです。

今、この不安定な時代にリーダーは変わるべきではないでしょうか。

組織はリーダーによって良くも悪くもなるのです。従業員一万人の大企業の社長もアルバイト5人のチーフも、同じ人の上に立つリーダーです。組織の大小にかかわらず、ぜひより良い組織づくりを目指してください。

今うまくいっていなくても、決して悩む必要はないのです。焦る必要もありません。しっかりと自分を見直してみてください。日頃気づかなかったことに気づくようになります。そして、ちょっと考え方を変えるだけで発言や態度が変わります。それを見た部下やスタッフたちもまた変わるのです。そして、組織も変わっていくのです。組織を変えたければまず自分が変わることです。

米国の著名なカウンセラーであるカール・ロジャーズの言葉を紹介します。

「正確な共感性」

「非支配的な温かさ」

「真心のこもった態度」

カウンセラーが変化を促す3要素だそうです。

リーダーとして組織の上に立つ人に共通して求められるものではないでしょうか。

私の大好きな言葉です。


私は若くして店長という要職に推されました。

「よし！　やるぞ！」と、何とか期待に応えようと持ち前の元気さと負けん気で臨みました。しかし、すぐにカベにぶち当たったのです。

「どうしてこんな事すらできないのだ！」「なぜ指示したことをやらないのか」と……。

私の店長としての初陣は、何と目標達成率40％で終わってしまったのです。何とも苦いデビュー戦でした。

今から思えば、上から目線で随分と身勝手な上司だったと反省することしきりです。

しかしある日、「ちょっと待てよ」と。もし自分なら、どんなリーダーについていくのかと改めて考え直したのです。時には自分の部下やスタッフたちの立場や気持ちになるのもリーダーにとって大切なことです。

私も、リーダーとして何をすべきなのか見つめ直しました。その結果、本書に記した内容にたどり着いたのです。

この本に記したことはすべて私が実践してきたことです。人一倍心配性で臆病な私にもできたことです。ぜひ参考にして試してください。必ずあなたの組織は変わると信じています。

最後にこの本を出版するに当たって、企画の段階から非常にお世話になりました編集部の武井康一郎様、ご助力をいただいた平行男様に厚く御礼申し上げます。

そして今まで私を支えてくださった多くの皆様、家族に感謝したいと思います。

ありがとうございました。

須賀正則

2016年9月吉日

［著者］
須賀正則（すが・まさのり）
1958年生まれ。東京都出身。77年、トヨタ自動車直営販売店のトヨタ東京カローラ株式会社に入社。たちまち、新人賞を獲得。やるからには常にトップを目指すという信念から、トヨタ自動車年間優秀セールスマン賞を3年連続受賞。営業マンの憧れである累計販売台数1000台のトヨタ自動車特別表彰を受賞し、金バッチセールスマンとなる。その後、年間優秀マネージャー賞3回受賞、年間優秀店長賞6回受賞など、多大な成績を残す。
98年、39歳にして新車店長に抜擢。その後、武蔵野東八店店長を任される。200メートル圏内に7店舗がひしめきあうエリアを任されるなか、トヨタ販売店史上いまだ破られたことのない、オープン初月から48か月連続で新車販売目標を達成する。雑誌「プレジデント」ほか、さまざまな媒体のトヨタ特集などでトヨタの現場リーダーとして紹介される。
そして、営業部長、本部部長を歴任し、後進店長、管理職の指導、育成に携わる。2015年、大手損害保険会社に転籍。

トヨタの伝説のディーラーが教える
絶対に目標達成するリーダーの仕事

2016年9月15日　第1刷発行

著　者——須賀正則
発行所——ダイヤモンド社
〒150-8409　東京都渋谷区神宮前6-12-17
http://www.diamond.co.jp/
電話／03·5778·7232（編集）　03·5778·7240（販売）
装丁————西垂水敦（krran）
本文デザイン—大谷昌稔
編集協力——平行男
製作進行——ダイヤモンド・グラフィック社
印刷————加藤文明社
製本————加藤製本
編集担当——武井康一郎

ISBN 978-4-478-10082-0